EL FACTOR LIEBRE

Por qué sí puedes

Leslie Householder

el prefacio escrito por
Trevan Householder

THOUGHTSALIVE BOOKS

Traducción por Eduardo Lehi Aragón

"Tendrás la capacidad de ir tras tus sueños con *confianza*. Sabrás a quién escuchar y podrás confiar en lo que ellos te dicen. En pocas palabras, podrás avanzar hacia tus ideales, cualesquiera que éstos sean, de una manera metódica".

~ Trevan & Leslie Householder,
"EL FACTOR LIEBRE"

El Factor Liebre © 2008
por Trevan y Leslie Householder.
All rights reserved.

ThoughtsAlive Books
PO Box 31749
Mesa, AZ 85275

Impreso en los Estados Unidos.

ISBN 978-0-9816749-0-2
Library of Congress Control Number: 2008902994

Dedicado a...

Todos los que como yo, han querido darse por vencidos, pero decidieron dar sólo un paso más.

~ RECONOCIMIENTOS ~

Aún cuando la historia de este libro se basa en una breve analogía de John W. Sims, ha habido otros mentores que me han ayudado en mi camino. Muchas gracias a cada uno de ellos:

John W. y Bárbara Sims, quienes inculcaron en mi esposo y en mí un deseo de nunca dejar de pensar, aprender y crecer, sin importar lo que decidiéramos hacer con nuestras vidas.

La familia Cleverly y Pierce por las interminables horas que invirtieron en ayudarnos a alcanzar el éxito. Estamos agradecidos por las muchas conversaciones que provocaron un cambio, a veces imperceptible pero importante en nuestra manera de pensar. Deseamos que cada uno de ellos sea bendecido infinitamente por todo lo que hicieron de una manera tan desinteresada por tanto tiempo.

Aaron Tilton, porque luego de una conversación casual en una tienda nos presentó a la familia Pierce.

Dr. Stephen R. Covey (aunque nunca nos conocimos) quien gentilmente tiró el marcador de libros con la imagen de Einstein que tenía escrito: "Quisiera conocer los pensamientos de Dios; el resto son detalles". Durante mis años de estudiante pobre, tuve la responsabilidad de limpiar su oficina, encontré ese marcador de libros y atesoré su mensaje. Creo que desde entonces he podido encontrar sólo algunos de esos "pensamientos".

Bob Proctor, por unir los muchos pedacitos de conocimiento que habíamos tratado de comprender antes y por usar el concepto de "el hombre de palitos" para lanzar nuestro cohete al cielo.

Marnie Pehrson, fundadora de Ideamarketers.com por su abundante ánimo y generosa ayuda con el Internet y por ayudarme a llevar mi mensaje al mundo de la red cibernética.

Kathryn Palmer, por su larga amistad con Leslie y su ayuda con el conocimiento editorial.

Bob Spears, por su dedicada ayuda en las últimas fases del proceso editorial y por su increíble disposición por ayudar aun cuando apenas se estaba recuperando de una operación en la rodilla. Me consideré muy afortunada al encontrar su sitio en Internet titulado HeartlandReviews.com

Nuestra gratitud hacia al tan paciente Tim King de Visual Concepts (clickgraphicsonline.com) por crear una tapa tan significativa y llamativa (y por aguantar a un cliente tan inconstante).

Gracias especiales a los buenos padres de Leslie, Bob y Carol, quienes la criaron para tener fe y pensar profundamente. Le prepararon bien para una vida de aprendizaje de los mejores libros. Ella está agradecida por todos los comentarios tan rápidos que le dieron junto con las sugerencias para

RECONOCIMIENTOS

este proyecto. Incluso Leslie está agradecida por la honestidad con que su madre le aconsejaba en ciertos temas que simplemente no *debían* estar en el libro, como la parte cuando...oh, olvídenlo... (Está bien Mamá, ya puedes dejar de reírte...)

También, gracias a los cientos otros que dijeron o hicieron lo correcto en el momento correcto al cruzar nuestro camino. Algunos son oradores y motivadores profesionales y algunos otros son individuos excepcionales que han caminado con nosotros en nuestra travesía. Nos gustaría expresar nuestra gratitud por la asesoría de esos hombres sencillos que están haciendo cosas extraordinarias. Ciertamente, ustedes no tienen idea de lo mucho que han hecho por nosotros. No podemos medir cuánto cada uno de ustedes ha influido en nuestras vidas.

Muchas muchas gracias a nuestros amigos que se unieron a nosotros para ayudarnos con la fiesta de lanzamiento de mi libro: Adam Eason, Angelo M., Ann Stewart, Barbara Clements, Bernadette Doyle, Dr. Brad Swift, Camille Kocsis, Carien Theunissen, Cathy Stucker, Charlotte Burton, Chris Read, Christine Donnolo, Dale Kurow, David DeFord, Dawn Fields, Dimitri Mastrocola, Don Nicholes, Eric V. Van Der Hope, Eva Gregory, Father Dave, Fernando Soave, Glanna Burdick, Gracina Fulcher, Helen Halton, Ingela Berger, Irena Whitfield, Jan Wallen, Javed

EL FACTOR LIEBRE/HOUSEHOLDER

Akram, Jeanette Cates, Jeffrey Tahauri, Jennifer Stewart, Jim Namaste, Joan Schramm, Joyce Pierce, Julian Kalmar, Karen Timothy, Katharine Hansen, Kathryn Martyn, Kathy Schneider, Keith Thirgood, Ken Burnett, Kevin Eikenberry, Kimberly Chastain, Lisa Preston, Liz Sumner, Lorraine Cohen, Lyn Cikara, Marc Gamble, Marnie Pehrson, Nelson Tan, Nicole Whitney, Pamela Geiss, Paul y Layne Cutright, Randall Stafford, Randy Gilbert, Rick Beneteau, Robert Wilkens, Robin Tramble, Sam Pennywell, Sheri Rowland, Sonny Julius, Terri Zwierzynski, Tim Ong, Tony Farrell, Tony Rathstone, Viveca Stone, Vivi Gonzales, Wendy Y. Bailey, Wendy McClelland, Wes Hopper, Whitney Ransom, Zev Saftlas, y los otros que nos ayudaron aun cuando ya era muy tarde para mencionar sus nombres aquí. Ha sido un verdadero placer. ¡Éxito para cada uno!

Un *montón* de gracias a mis hermosos hijos por su paciencia y ayuda al preparar nosotros este libro, permitiéndole a Leslie usar la computadora aún cuando no era "mi turno" tantas veces. Fueron tan serviciales al ayudar a mantener la familia organizada cuando ella estaba en "la zona".

Y finalmente, reconocemos que todo el crédito pertenece al Creador, por todo lo que somos y todo lo que esperamos llegar a ser.

~ *Trevan y Leslie Householder*

~ ÍNDICE ~

Reconocimientos		vii
Prefacio		1
Capítulo 1	El Problema	8
Capítulo 2	Reflexiones	17
Capítulo 3	El Camino	23
Capítulo 4	El Miedo	37
Capítulo 5	La Instrucción	47
Capítulo 6	La Locura	53
Capítulo 7	La Tragedia	65
Capítulo 8	La Diferencia	67
Capítulo 9	La Lotería	89
Capítulo 10	La Presa	101
Capítulo 11	La Elección	109
Capítulo 12	Violaciones	115
Capítulo 13	El Sacrificio	124
Capítulo 14	La Regresión	145
Capítulo 15	El Éxito	159
Capítulo 16	La Resolución	163
Capítulo 17	La Tarea	165
Capítulo 18	El Principio	173
Puntos Para Meditar		175
Epílogo		183
Acerca De Los Autores		207
Tiempo Familiar y Libertad Financiera		209
Otros Recursos		213

~ PREFACIO ~

John W. Sims, un hombre de negocios muy exitoso, habló de una ocasión en la que viajaba con un colega. Su compañero le dijo: "John, ¿no te vas a poner tu cinturón de seguridad?". John respondió con su áspera voz de tenor: "¿Para qué? ¿Acaso tienes planeado tener un accidente?".

"Bueno, no, pero tú sabes, los cinturones salvan vidas...".

John replicó abruptamente con su acostumbrada franqueza: "El cinturón no salva vidas".

"¡Por supuesto que sí! Mira, yo estaba manejando por el camino con mi familia y algo me dijo que me asegurara de que todos tuvieran su cinturón puesto. Así que me aseguré que toda la familia tuviera puesto su cinturón de seguridad. Inmediatamente después de doblar en una esquina, vi que había otro vehículo que venía en sentido contrario directamente hacia nosotros. Fue una choque de frente y ¡todos sobrevivimos porque teníamos los cinturones de seguridad puestos!".

John continuó con firmeza: "No, los cinturones de seguridad no te salvaron la vida, *lo que sea que te dijo que te los pusieras* te salvó la vida".

EL FACTOR LIEBRE/HOUSEHOLDER

Ha pasado aproximadamente una década desde la primera vez que escuchamos a John contar ese relato. Dejó una impresión duradera en nosotros, y su mensaje se ha profundizado y tomado nuevo significado. Mientras más experiencias tenemos, más profunda es la idea del cuento. John tiene razón. No fueron los cinturones los que salvaron sus vidas. Es cierto que los cinturones jugaron una parte importante asegurando los cuerpos durante el impacto, pero el reconocimiento pertenece a la voz de advertencia. Los cinturones de seguridad, los 'salvavidas', habían estado ahí todo el viaje. Pero el momento oportuno del susurro o dictado de conciencia, y *la reacción del hombre a él* cambió lo que podría haber sido una tragedia, en un milagro.

Me acuerdo de un juego que Leslie y una de sus amigas planearon para una cita que tuvieron conmigo y otro chico durante nuestra adolescencia. Unos días antes, durante la preparación para la cita en la que planeaban llevarnos a un día de campo, Leslie y su amiga hicieron una grabación en la que describían todos sus movimientos, desde el inicio del viaje hasta llegar al destino final.

Cuando llegó la hora del evento, el otro chico y yo esperamos cerca de un teléfono público para recibir instrucciones que nos dijeran dónde encontrar la grabadora escondida. Nuestras instrucciones eran sencillas: "Enciendan la

PREFACIO

grabadora y sigan las instrucciones explícitamente".

Al fin de la jornada había un banquete digno de un rey. Pero a lo largo del viaje, sin que nos diéramos cuenta, las chicas nos siguieron. Los momentos más cómicos fueron sin duda aquellos en que tratamos de seguir las instrucciones en la grabadora, pero en los lugares equivocados. Habiendo perdido el ritmo inicial, encontramos que la descripción de las acciones de las chicas no encajaba con nuestros entornos, y para ellas les resultó totalmente gracioso. Si tan sólo nosotros hubiéramos sabido a dónde trataban de llevarnos, hubiéramos podido improvisar y encontrar nuestro destino sin que alguien tuviera que ayudarnos a encontrar la dirección correcta.

Mientras que este tipo de actividades son buenas, divertidas y sanas para los adolescentes que van a un día de campo, es algo completamente distinto cuando se aplica al camino hacia la felicidad en la vida. Sin embargo, este tipo de sandeces ocurre todo el tiempo.

A veces vemos a otros que han llegado a un destino admirable en sus vidas, y procedemos a imitar los mismos pasos que ellos tomaron en un intento por alcanzar los mismos resultados. Aunque es verdad que podemos aprender mucho de

EL FACTOR LIEBRE/HOUSEHOLDER

personas que tienen lo que queremos, debemos darnos cuenta que no siempre estamos en el mismo lado de la calle, por así decirlo, que cuando ellos empezaron *su* viaje hacia el día de campo. No debemos sorprendernos tampoco cuando terminamos con resultados diferentes después de duplicar sus acciones.

¿Han visto el anuncio de renuncia de responsabilidad que se pone en las anécdotas de éxito, "resultados no son típicos"? Créanme, *yo sé* que los programas legítimos son verdaderamente fabulosos, pues hemos visto algunos que verdaderamente han hecho maravillas en nuestra vida. Pero, ¿por qué *no son* los resultados típicos? Y ¿qué me dice de la gente que ha seguido las instrucciones al pie de la letra, pero no ha podido gozar de resultados extraordinarios? ¿Cómo podemos saber si un programa de "hágase rico", "adelgace" o "sea feliz" va a tener éxito en *nuestra* vida?

Si queremos los mismos resultados que alguien más ha logrado, no deberíamos *hacer* lo que ellos hicieron, sino más bien, *pensar* como ellos piensan. Lo que ellos *hicieron* puede ser exactamente lo que necesitamos para tener el mismo éxito, pero cada uno de nosotros ha tenido diferentes experiencias en la vida y trae consigo un tipo diferente de 'equipaje'. Estos elementos hacen una gran diferencia en nuestros propios resultados.

PREFACIO

Por lo tanto, debemos de descubrir la vocecita que está dentro de nosotros que nos ayuda a saber la dirección y *el momento* oportuno. Si tenemos enfrente de nosotros el banquete del día de campo y está a plena vista, entonces, simplemente por instinto sabremos cómo llegar hasta él. Si encontramos un obstáculo y no lo podemos superar nosotros mismos, la inspiración nos guiará a las instrucciones diseñada perfectamente para nosotros, para llevarnos desde donde estamos, al lugar donde precisamente queremos estar, a una velocidad que es la apropiada para nosotros. Podemos a veces contar con la 'voz interna' para ayudarnos a encontrar nuestro camino simplemente manteniendo una clara imagen del lugar exacto al que queremos llegar.

Al aprender a reconocer la voz y someternos a su consejo, muy pronto *nosotros* nos convertiremos en la última historia de éxito y seremos la siguiente recomendación de inspiración para el fabuloso programa de 'sea feliz'. ¿Es el 'programa' el responsable de nuestro éxito? No más que el cinturón de seguridad fue el único responsable de salvar a esa familia de la muerte.

El éxito viene como resultado de la preparación de uno mismo para la inspiración, y luego de estar dispuesto a ponerle atención a esa inspiración y hacer lo que dice. He aprendido que antes de tomar una decisión importante, debo de

EL FACTOR LIEBRE/HOUSEHOLDER

tener una clara imagen en mi mente y *en papel* del resultado que estoy buscando. ¿Qué tipo de vida estoy buscando? ¿En qué tipo de casa quiero vivir? ¿Qué tipo de relación quiero tener con los miembros de mi familia? ¿Qué tipo de amigos quiero tener? (¿A cuál día de campo quiero asistir?) Debo de responder a estas preguntas con mucho detalle y comprometerme a ponerlo por escrito. Después y solamente después, busco la inspiración para dirigirme. *Entonces* es cuando estoy listo para escuchar y considerar el consejo de alguien más. *Entonces* es cuando yo soy el estudiante que está listo para que el maestro aparezca.

Sin embargo, ya que cada idea que nos llega puede ser el salvavidas esperado o la puerta al camino a la devastación, ¿quién puede reconocer la diferencia? Es, por lo tanto, completamente normal sentirse paralizado con miedo y permanecer con aquella miseria que es tan familiar para nosotros, en lugar de tomar el riesgo y esperar por lo mejor.

El mensaje en este libro te enseñará cómo extraer el riesgo de tomar riesgos. Tendrás la capacidad de ir tras tus sueños con *confianza*. Sabrás a quién escuchar y podrás confiar en lo que ellos te dicen. En pocas palabras, podrás avanzar hacia tus ideales, cualesquiera que éstos sean, de una manera metódica.

Tal vez estés pensando: *¿cómo puede alguien estar tan seguro?* Si esa es *tu pregunta*, este libro es

PREFACIO

para ti. Este cuento en particular es acerca de la lucha de un hombre por prosperar financieramente, pero los principios se aplican a cualquier objetivo que una persona pueda tener. Habiendo disfrutado de una medida de éxito financiero con los principios que están en este libro, los hemos aplicado también a cosas más sencillas, como para encontrar una cinta para envolver un regalo en el desordenado armario de nuestra casa, o para encontrar el lugar perfecto para estacionarnos cuando andamos apurados. Estos principios aún son eficaces para encontrar una respuesta urgente en mi mente. El resultado final es éste: funciona. Todo lo que debemos saber es qué es lo que realmente queremos. En otras palabras, la primer cosa que debemos hacer es sencillamente 'escoger nuestro día de campo' por así decirlo.

Lo que sigue es una fábula o alegoría moderna. Leslie ha tomado una breve analogía de otro de los diálogos de John W. Sims y creado un cuento de ella para que su profundo mensaje le llegue a más personas y cambien sus vidas para bien. Lo que hemos aprendido de John ciertamente ha cambiado la nuestra.

~ **Trevan Householder**

~ CAPÍTULO UNO ~
EL PROBLEMA

"Ricardo, ¿por qué no puedes ser como tu hermano?", refunfuñó Felicidad al momento que arrojaba el puñado de sobres sobre la cama. Las cuentas que había en esos sobres quedaron esparcidas sobre el acolchado junto a la ropa recién lavada.

Adolorido por el comentario, Ricardo apretó los labios y tragó saliva. Era obvio que a Felicidad se le había agotado la paciencia. De nuevo. "Felicidad...". Ricardo suspiró profundamente. "Amor, he estado haciendo lo mejor que puedo". Ricardo se desplomó en el viejo sillón con sus hombros caídos, tomó un respiro profundo y cerró los ojos. Luego, lentamente los volvió a abrir y largó una mirada enfurecida por debajo de sus oscuras y abundantes cejas. "Aparte, mi hermano es un ladrón. ¿Quieres estar casado con un bandido? Bien, lamento decírtelo, pero yo no soy un ladrón. ¡No lo soy!".

"¡Ladrón o no, Ricardo, sus hijos tienen alimento en la mesa! Además no creo todas esas historias de él".

EL FACTOR LIEBRE/HOUSEHOLDER

"¡Por favor! Entonces, ¿cómo explicas todo ese dinero que tiene?".

"No lo sé. Lo único que sé es que estoy cansada de vivir... ¡de vivir así!". La garganta de Felicidad se tensionó y se cerraron sus ojos. De repente dejó exclamar un grito de enojo y se dejó caer en la cama mandando a volar la mitad de los sobres por el aire para luego caer al suelo como si fueran una lluvia de puñales.

Ricardo trató de concentrarse más profundamente e hizo un esfuerzo más para ser positivo. "Muy bien, entonces, ¿qué debo hacer? ¿Vender seguros? He oído que hay mucho dinero en los seguros. Se dice que puedes jubilarte por todas las ventas que haces, y que el dinero sigue llegando y llegando. ¿Qué te parece?". Su voz estaba sin expresión y era obvio que la idea de vender seguros no lo entusiasmaba mucho. Sin embargo, estaba buscando alguna respuesta que al final pusiera contenta a Felicidad.

"¿Ventas? Yo pensé que habías dicho que no eras un ladrón". El breve y juguetón comentario de Felicidad fue su propio intento de cambiar el ambiente pesado del cuarto, un ambiente del cual ella era responsable.

Pero a Ricardo no le causó gracia. Tomaba mucha energía responder de la manera que él sabía que ella quería. Se suponía que ésta era una conversación seria. "He tratado todo lo demás,

CAPÍTULO UNO ~ EL PROBLEMA

Felicidad". Se quedó mirando fijamente al piso en frente de él. Se sentía débil y cansado, pero sin emociones. Le martirizaba el encarar los hechos de su situación financiera y darse cuenta de su impotencia en hacer algo al respecto.

En ese momento la puerta de la recámara, que hasta entonces estaba entreabierta, se abrió bruscamente y el picaporte golpeó fuertemente la pared donde estaba Ricardo sentado. Ricardo ni siquiera pestañeó, pero Felicidad le dio una mirada de enojo al pequeño Mateo. Sin darse cuenta, Mateo corrió hacia el regazo de Ricardo. Con la puerta completamente abierta, se podía escuchar en el televisor de la cocina la tonada silbada del programa de Andy Griffith, que por lo regular tenía un efecto positivo en ellos pero no logró ningún efecto en el sentimiento de frialdad que imperaba en el cuarto.

Desesperado, Ricardo finalmente habló con enojo repentino. "Felicidad, ¡¿qué más se supone que debo hacer?! ¡He hecho todo lo que me han dicho que haga! Terminé la escuela porque ellos (el bendito comité) siempre dijeron que yo necesitaría un título para obtener un buen trabajo. Empecé a trabajar con Wheeler porque todos dijeron que su compañía estaba creciendo tan ridículamente rápido que las ganancias nos maravillarían. Invertí hasta el ÚLTIMO de nuestros ahorros de la manera en que Barry me dijo porque a ÉL le ha ido tan bien

EL FACTOR LIEBRE/HOUSEHOLDER

con el mercado de valores. Compré esta casa por toda la ALGARABÍA de que iba a ser un excelente negocio. ¿Y ahora? ¿¡Y AHORA!? ¡Míranos! ¡Todavía estamos comiendo fideos chinos baratos una vez al día! ¡¿Sabes qué fastidiado estoy de comer FIDEOS CHINOS?! ¿Por qué no EMPACAMOS todo de una vez y nos MUDAMOS A CHINA?! Oh, sí, ya recuerdo, ¡ni siquiera podemos VENDER esta basura de casa aunque QUISIÉRAMOS porque DEBEMOS más de lo que vale!".

Mateo se quedó congelado en el regazo de su padre. Ni Mateo ni su madre estaban acostumbrados a este tipo de sarcasmo por parte de Ricardo. Felicidad miró profundamente en sus ojos mientras que él continuaba echando chispas hasta que finalmente alejó su mirada de ella.

Ricardo continuó hablando, pero ahora en voz baja, "Y ni siquiera menciones ese fiasco con mi hermano. Todo ese dinero que gastamos y no funcionó... al menos para nosotros". Respiró profundo y sacudió su cabeza, como si quisiera sacudir las emociones que lo dominaban y tranquilizar su voz. Ya con más calma, habló de nuevo, pero como si lo hiciera sólo para él: "¿Cómo es que Víctor lo hace? Yo soy un hombre respetable, ¿no? Esto es lo que entiendo: los ricos TIENEN que ser unos ladrones, porque los hombres decentes como yo, nunca llegan a ningún lado".

CAPÍTULO UNO ~ EL PROBLEMA

Felicidad se le acercó y tiernamente giró la cabeza de él para poder ver directamente en sus ojos. Un nuevo tipo de miedo inundó el cuerpo de ella. Se dio cuenta que ésta era la primera vez que él había expresado su derrota en palabras. Hasta ahora, él siempre había tenido la habilidad para sacar fuerzas y ofrecer palabras de ánimo y esperanza. Esta vez era diferente. Mientras se acomodaba un mechón de cabello detrás de la oreja, se sintió avergonzada por el abuso verbal al cual lo había sometido. Si tan sólo pudiera volver el tiempo atrás por diez minutos, ella podría haber jugado el papel que ella esperaba que él jugara. Pero ahora era demasiado tarde. ¿Cuál era la diferencia que se notaba en su faz? ¿Qué significaba? ¿Qué venía ahora? Este era una situación con la cual *no* estaba familiarizada. ¿Qué había pasado con la rutina de siempre: esposa se siente desanimada, esposa se queja, esposo consuela esposa y expresa confianza y determinación para corregir todo?

En ese instante, Ricardo tomó a Mateo de los brazos, y como en un movimiento robótico, se levantó y puso a su niño de cuatro años en la cama junto a su madre, forzando a Felicidad a moverse. Felicidad se hizo a un lado. Mateo también estaba algo confundido por la falta de expresión facial que había en su padre y volteó a ver a su madre en busca de un poco de consuelo. ¿Había hecho algo mal?

EL FACTOR LIEBRE/HOUSEHOLDER

Ricardo dejó el cuarto y mecánicamente recogió su abrigo mientras pasaba por la cocina y salió por la puerta de un lado. La puerta se cerró silenciosamente.

Felicidad miró al pequeño Mateo como si él tuviera las respuestas a las preguntas que daban vueltas por su mente, pero él estaba con la boca abierta y por supuesto, no dijo nada tampoco. Si Ricardo hubiera dado un portazo, al menos ella habría sabido que se estaba sacando lo último de sus frustraciones, luego de lo cual vendría un momento de dos horas de enojo silencioso, seguido por diez minutos de tranquila cohabitación, y luego un 'lo siento', una conversación 'curativa' y un beso. Pero y ¿esto? Esto era nuevo.

"Mamá, ¿a dónde va papá?".

Felicidad se hacía la misma pregunta, pero respondió: "Este...creo que va a visitar al vecino".

Sin otra palabra, lentamente caminó hacia la ventana. Todavía podía distinguir la figura de él a través de la anticuada ventana; él caminaba con resolución por el campo del vecino, pero ella se percató que él no estaba yendo hacia la casa del vecino. Ella volvió a sentarse al borde de la cama y continuó observando, perpleja. En el otro cuarto, la televisión seguía prendida sin que nadie le prestara atención.

"...el pronóstico del clima hasta el miércoles es parcialmente nublado con temperaturas que

CAPÍTULO UNO ~ EL PROBLEMA

varían entre los 24 y los 26 grados...". El ignorado ruido sólo agregaba más caos a la ya confundida cabeza de Felicidad. "Noticias de último momento... las autoridades locales han confirmado que la causa de muerte en el caso Ascensión fue el suicidio...".
Suicidio. Felicidad ni siquiera se había dado cuenta de que el televisor seguía encendido, pero la palabra seguía rondando en su cabeza. Nunca se dio cuenta que fue el televisor que introdujo esa idea en su cabeza. *¿Suicidio?* De repente, un nuevo pensamiento echó raíz en su mente y tembló. *Él no lo haría...no. ¿Sería capaz? Las cosas no andan* tan *mal, ¿o sí? ¿Ricardo?* Felicidad se puso de pie y con delicadeza tocó la ventana con sus dedos. Echó una mirada y se enfocó intensamente en la figura obscura, ahora apenas visible, como si un mejor vistazo le ayudara a saber qué era lo que Ricardo estaba pensando.
"Mateo, busca tus zapatos, amor. Tenemos que ir a caminar un poco".

~ CAPÍTULO DOS ~
REFLEXIONES

El viento soplaba suavemente por entre los pinos mientras que Ricardo echaba una mirada hacia atrás para ver las granjas que desaparecían de su vista. Entró en el pequeño bosque y caminó unos metros buscando un lugar retirado de su pequeña y centenaria casita. *Tan sólo necesito alejarme por un rato. Despejar mi mente.* Vio una roca grande y lisa, cubierta de musgo, como a unos 70 metros de donde estaba, hacia el bosque, y se dirigió hacia ella, pisando cuidadosamente entre las ramas y las raíces que obstruían su camino. Al llegar a la roca, Ricardo se sentó y se dispuso a descansar en el lado limpio y suave de la piedra. Se frotó la cara lenta y bruscamente, como si intentara sacar de su vida la situación financiera en que se encontraba.

Señor, ¿qué hago ahora? Sus pensamientos eran retóricos. Ricardo se deslizó lentamente por la roca hasta acabar sentado en el suelo, apoyando su espalda en la fría piedra. Sacando su navaja del bolsillo y tomando una pequeña rama seca del suelo, dejó escapar un suspiro profundo y comenzó a tallarla fervientemente al ritmo del énfasis de ciertas palabras que pasaban por su mente. *He*

EL FACTOR LIEBRE/HOUSEHOLDER

HECHO todo lo que sé. HAGO todo lo que me dicen, y MIRA dónde me han dejado. TODOS los demás reciben lo que quieren, y YO soy el único fracasado. ¡NO es justo!¿¡¡Cuándo me va a tocar a mí tener un poco de buena suerte!?

Ricardo dejó caer su navaja y arrojó la rama tan lejos como pudo, estrellándola en el tronco de un árbol que se movía con el aire. Cerró los ojos y reflexionó sobre los eventos de los últimos doce meses. Todavía podía escuchar a su hermano tan claro como el mismo día que sucedió. "Riqui, las cosas se están moviendo. ¿Te das cuenta que en este último trimestre he ganado más de ochenta mil dólares? El tiempo es el correcto. Tú podrías hacer tanto dinero con nosotros. Mira, ¡tu familia necesita esta oportunidad!".

"Víctor, yo lo sé. Simplemente no me puedo imaginar hablando con las personas y tratando de venderles algo, aun si es lo mejor que jamás el mundo haya visto".

"Mira, esto se vende solo. ¿Cómo vas a fallar? Solamente haz lo que hacen los ganadores, ¡y tú ganarás también! Esto es tan sencillo".

Ricardo titubeó, luego tímidamente expresó su sentimiento de inferioridad. "Víctor, los que ganan tienen algo que yo no tengo".

Víctor levantó las cejas amorosamente y meneó la cabeza. "¿De qué estás *hablando*, Riqui? ¿Tú no eres diferente a ellos? Bueno, admito que no

CAPÍTULO DOS ~ REFLEXIONES

te caería mal una dosis de autoestima, pero eso no es nada que no podamos ayudarte a cambiar. ¿Qué dices? Piensa en esto, empiezas a traer el tipo de dinero del que te estoy hablando, y le puedes decir 'sayonara' a tu hipoteca, ¿qué dices?". Víctor sonrió y le dio un codazo afectuoso a Ricardo.
"Hmm...¿qué piensas?", preguntó de nuevo.
"No sé, Vic".
"Bueno, qué te parece si vienes conmigo a la reunión de entrenamiento y después de que veas el tipo de personas que están teniendo éxito, podrás decidir".

~~~~~~~

Ahí, en el piso del bosque, Ricardo cambió de posición para acomodarse mejor. Sonrió burlonamente y continuó recordando aquella reunión:

"Víctor", le susurró Ricardo discretamente, "¿quiénes *son* estas personas? Son
Algo *tontas* ¿no crees?".
Víctor se rió. "Riqui, eso es lo que te estoy diciendo. ¿Ves a ese tipo allá cerca de la mesa con el refresco?".
"¿Te refieres al que lleva puesto un buen traje y unos zapatos deportivos?".

Víctor se rió. "Sí, ése es el que te digo". Se inclinó un poco y me dijo: "Ese tipo es un millonario". Se rió de nuevo, como si apenas hubiera notado lo desatinado de la vestimenta de aquel hombre por vez primera.

"NO".

"De veras, Riqui, *YO SÉ* que tú puedes hacerlo. Tú tienes mucho más ventajas que la mayoría de los que están aquí, ¿no te parece?".

Ricardo estaba siendo cuidadoso para controlar la emoción que sentía adentro. "Un millonario...¿eh?". Ricardo titubeando dijo: "No necesito un millón, Víctor. Sólo lo necesario para pagar mis deudas. Y quizás lo suficiente para que algún día pueda pagar por la universidad de Mateo". Su voz era cautelosa, pero sus ojos brillaban de la emoción.

"Bueno, pues adelante Riqui. Si ellos pueden hacer un millón, seguramente tú puedes hacer lo suficiente para hacer lo que quieres, ¿no lo crees?".

"Sí, creo que podría". Había un aire de valor y esperanza que se reflejaba en todo el rostro de Ricardo. "¿Cuánto me va a costar el empezar?".

~~~~~~~

Una ardilla hizo crujir algunas ramas arriba de su cabeza, pero Ricardo ni siquiera le puso atención. Para entonces, su rostro denotaba un aire

CAPÍTULO DOS ~ REFLEXIONES

de enojo y cinismo tal que si hubiera habido alguien cerca de él en el bosque, lo hubiera asfixiado.

Recogió una pequeña piedra sucia y la empezó a limpiar con sus dedos. *Funcionó para Víctor y los otros, pero no para mí.* Calmándose un poco, concluyó: *Al cabo que no quería ser como él. Obsesionado con riquezas. Dinero, dinero, dinero. ¿Quién lo necesita? Odio el dinero. ¡¡¡LO ODIO!!!*

Arrojó la piedra lejos y se frotó los ojos con el dorso de sus manos. El agotamiento emocional se asentó en él, y cambiando de posición de nuevo, se recostó a un lado de la roca y al rato se quedó dormido. Escuchó el distante llamado que venía del campo del vecino: "¡Ricardo! ¡Ricardo! ¡¿Dónde estás?!".

Inconscientemente, rodó sobre su espalda. Pero su respuesta, *"Cariño, estoy por aquí"*, se quedó dentro de propia mente soñolienta.

~ CAPÍTULO TRES ~
EL CAMINO

"*Ahí estás*", dijo su esposa, pero tan sólo en su sueño. Ella se acercaba a él bajo los cálidos rayos del sol que parecían danzar sobre su piel a medida que descendía por entre los pinos. Ella sonrió y como si estuviera flotando, se acercó con sus brazos extendidos. Como en cámara lenta, ella se deslizó a través del bosque para abrazarlo tiernamente. Él brillaba de la emoción al sentir que ella le besaba las mejillas, y con una expresión de adoración en sus ojos, tiernamente le susurró: "*Anda, ve y busca la fortuna. Yo sé que puedes hacerlo*".

Ricardo acarició su cabello con ternura y luego tocando su brazo sonriendo le dijo: "Haré lo mejor que pueda, cariño. No te preocupes. Todo va a estar bien".

Felicidad sonrió a su vez, sus cálidos ojos color café brillaban muy melodramáticos de admiración por su hombre.

Orgulloso de ser el héroe invencible, Ricardo caminó con confianza sin ningún rumbo fijo, pero lo hizo con energía. En tan sólo unos cuantos pasos, el bosque había desaparecido y un camino desgastado apareció delante de él. El pavimento con que lo construyeron que debió de haber sido en algún tiempo de color negro y brilloso, era ahora pálido y estaba lleno de hoyos. Sorprendido por la repentina aparición, Ricardo se restregó la sien y miró en la distancia adonde el camino parecía seguir. "Hmm...este camino tiene que ir a algún lugar importante...parece como si un billón de personas ya han pasado por aquí. Está tan gastado...todas esas personas no pueden estar equivocadas. Apuesto a que voy a encontrar lo que estoy buscando". Terminó de decir eso, se dirigió al camino viejo y empezó su viaje.

Ricardo apenas había caminado por unos instantes cuando le pareció ver algo. Adelante de él, en el camino, había una pequeña bolsa de papel color marrón. Curioso, se apresuró a llegar y recogerla. No era muy pesada, y al abrirla, se dio cuenta que había una tarjeta para marcar las entradas y salidas del trabajo como la que había usado siempre mientras trabajaba en la compañía Wheeler. En la parte superior de la tarjeta decía 'Empleos incorporados' y más abajo, junto a una línea en blanco había algo que decía: 'Nombre del empleado'. La bolsa de papel también tenía una pequeña bolsita con la mitad de un sándwich de mantequilla de cacahuate o de maní. Cerró la bolsa, miró a su alrededor y no vio a nadie. ¿Debería de considerar esto como la buena fortuna que estaba buscando? Era algo, pero no lo suficiente como para sustentar las necesidades de su familia. Sin

CAPÍTULO TRES ~ EL CAMINO

embargo, abrió la bolsa de nuevo, sacó el sándwich y continuó caminando. Se comió el sándwich en sólo tres mordiscos y sintió algo de gratitud por el éxito insignificante. "Ojalá que hubiese sido más grande". Suspiró y guardó la envoltura en la bolsa de papel. La tarjeta para el control de la jornada laboral le llamó la atención, pero esta vez la línea en blanco estaba firmada con su nombre, 'Ricardo Buenhombre'. Frunció el ceño ante lo extraño que le parecía el suceso. Pero el tratar de encontrar respuestas le fue inútil porque estaba totalmente solo en el camino. Lo extraño de esta experiencia le inundó la cabeza y decidió dar un paseo por el camino con su cabeza llena de preguntas.

No había pasado mucho tiempo antes de volver a sentir hambre de nuevo, así que cuando avistó otra bolsa de papel en el camino, se animó. Con renovado entusiasmo, corrió y la recogió, sólo para encontrar que estaba vacía, con excepción de una 'tarjeta rosa' con 'Empleos Incorporados' impreso en la parte superior, y una bolsita con algunas migajas que quedaron de un sándwich ya consumido. Se detuvo y dio un vistazo al camino, y le pareció ver otra bolsa de papel.

Apresurándose con anticipación, llegó hasta la tercera bolsa de papel. Estaba más grande que la primera, en realidad. La abrió y encontró otra tarjeta con su nombre impreso en ella, y esta vez

EL FACTOR LIEBRE/HOUSEHOLDER

había un sándwich entero de mantequilla de cacahuate en ella.

De pronto, algo más le llamó la atención. Curioso, buscó en la distancia del camino mal reparado. Sin dejar de mirar las nuevas imágenes que estaba viendo, metió la mano en la bolsa y lentamente sacó el sándwich. Unos cuantos hombres habían aparecido en el camino, y se alejaban de él. No los había visto antes, y se preguntaba cómo es que no los había notado. Mientras continuaba observándolos, y como por arte de magia, más personas empezaron a materializarse hasta que llegó a haber un grupo de gente bastante grande, todos viajando en la misma dirección. De seguro había cientos de ellos caminando apresuradamente como robots y recogiendo bolsas de papel.

Alguien lo empujó por detrás, causando que se le cayera la comida. Ricardo se volvió al escuchar a la persona expresar una disculpa: "Oh, lo siento". Era más alto que Ricardo y caminaba con paso acelerado y torpe. En cada mano llevaba una bolsa de papel, y una tercera iba debajo de su brazo. Antes de que Ricardo pudiera decir alguna cosa, el hombre ya se había ido. Se había metido entre la multitud y desaparecido.

"¿Qué estoy haciendo?". De repente se dio cuenta de lo absurdo de la escena. El camino que había parecido tan prometedor, la esperanza de que

CAPÍTULO TRES ~ EL CAMINO

lo guiaría hacia una pequeña fortuna con la cual pudiera regresar a su familia, claramente sólo iba a proveer únicamente lo necesario para que nunca se saliera del camino. Tiró la bolsa, se sentó, derrotado, ahí, en medio del camino y puso su cabeza entre sus manos. Huestes de personas ahora pasaban de un lado a otro. Cada uno estaba buscando otra bolsa de papel, esperando encontrar por lo menos la mitad de un sándwich. Algunos llevaban una bolsa, muchos llevaban dos. De vez en cuando alguien pasaba llevando tres. Los más desesperados de ellos eran los que no tenían una bolsa todavía, o los que llevaban una toda arrugada con una 'tarjeta rosa'.

Sin ningún aviso, un hombre con su pelo engomado le dio una patada en las caderas a Ricardo. Llevaba unos zapatos lustrosos y su traje y su camisa estaban bien planchados. Sin disculparse, el hombre se tropezó con Ricardo, pero se mantuvo en pie y continuó corriendo, esquivando alrededor de las personas y mirando repetidamente a un joven atlético y rubio que vestía ropa deportiva y que trotaba junto a él.

"Oh por favor, ¡¡¡PONGAN ATENCIÓN GENTE!!!". El primer hombre gruñó a todos los que cruzaban su camino. Le dio una mirada de disgusto al joven atleta que iba a su lado, y por descuido, chocó con otro extraño de cabello rizado que llevaba un saco sport que no tenía idea de lo que estaba pasando. Resistiendo la caída, el hombre con el pelo engomado, tomó al de cabello rizado por los hombros y lo empujó en el camino de su contrincante.

"¡Ufff!", el joven rubio exclamó al ser golpeado por el de cabello rizado, y ambos rodaron por el piso. "¡Aaaargh!", gritó el joven rubio al golpear el piso con su puño apretado.

"¡Te *lo dije!, ¡es mío!*". El primer hombre con su traje bien planchado se abalanzó sobre la codiciada bolsa de papel, la cual, aparentemente, había sido el objeto de su obsesión.

Ricardo se estaba levantando de nuevo, habiéndose levantado para evitar ser pateado por otros peatones. Luego, acercándose al joven rubio, al igual que al de pelo rizado, les extendió la mano. Los dos hombres se sacudieron el polvo y con los hombros caídos empezaron a andar por el camino. Iban desalentados, el de pelo rizado por el trato que habían recibido, y el otro por la oportunidad recién perdida de quedarse con la bolsa de papel.

"¡Oiga, señor! No se preocupe, hay otras bolsitas de papel en el camino", le dijo Ricardo tratando de consolar al hombre.

El joven se detuvo al momento, volteó y con la mirada triste miró a Ricardo. "Puede llamarme José, José Bendito, y no, no hay más bolsas. He estado buscando por tanto tiempo y no sé cuándo voy a encontrar otra. Ha pasado tanto tiempo desde

CAPÍTULO TRES ~ EL CAMINO

que encontré una. ¿No lo entiendes? *Esa* bolsita era la oportunidad de mi vida". El hombre se dio la media vuelta y casi arrastrando los pies desapareció entre la multitud.

Ricardo parpadeó y miró hacia ambas direcciones del camino, viendo aproximadamente treinta bolsitas de papel colocadas esporádicamente a lo largo del camino esperando a que alguien las levantara. Muchas personas caminaban cerca de ellas y parecían no verlas. ¿Por qué Ricardo sí las podía ver pero José no? ¿Por qué había tanta falta de cortesía por obtener la bolsa por la cual esos hombres pelearon? ¡Ese egoísmo era tan innecesario!

En ese instante, una mujer bien vestida caminó a un lado de él. Parecía tener aproximadamente unos treinta años. Llevaba consigo una bolsa para pañales que cargaba en un brazo, una bolsa de ropa sucia colgando de un hombro, una botella de desinfectante en su cinto, un bolso colgando del otro hombro, una bebita en una mochila para bebés, un cachorrito bajo su brazo...y una bolsa de papel en uno de sus puños.

Ricardo se quedó atónito al ver a la mujer con toda esa carga. La vio torcerse un tobillo en uno de los hoyos del camino. Hizo una mueca de dolor, pero continuó caminando. Se veía cansada, y la pequeña niña hizo contacto visual con Ricardo. Los ojos de ella denotaban nostalgia. Su cabecita estaba recargada en la espalda de su madre. Parpadeando lentamente cerró los ojos y se acomodó lo mejor que pudo en la espalda tibia de su madre para tomar una siesta.

Miró alrededor viendo a cada uno de los hombres y mujeres (ahora veía muchas mujeres) que inundaban el camino donde ahora él se encontraba. También se dio cuenta que, sin importar cuantas bolsas llevaran consigo, nunca se regresaban. Vio que algunas mujeres trataban de llevar varios niños: uno en su espalda, uno en cada uno de sus caderas...y una o dos bolsas en sus manos.

Pero la más dolorosa de las imágenes que vio, fue la de las mujeres que tenían que bajar a sus niños y ponerlos en el camino. Las madres estaban hacienda todo lo que podían, pero se daban cuenta de que era virtualmente imposible hacerlo todo. Escuchó a una de las madres decir a su pequeño niño: "Te voy a encontrar un sándwich y a traértelo inmediatamente...sólo espera aquí por un momento. Te prometo que no tardo". El niño frunció el ceño, y extendió sus brazos para que su madre lo levantara, pero ella sólo pudo tomar una de sus manos y la besó. Luego se volvió al camino a buscar otra bolsa de papel.

A Ricardo se le partió el corazón al ver al pobre niño sufriendo porque le recordaba a su pequeño Mateo. El niño agachó los hombros y miró

CAPÍTULO TRES ~ EL CAMINO

de regreso al camino al mismo tiempo que veía a otra mujer joven aproximarse a él sonriendo. Estaba tirando de un carrito lleno de juguetes, libros e instrumentos musicales, y sobre su hombro, llevaba un bolso enorme. La cremallera estaba completamente abierta y podía ver que el bolso estaba lleno de ocho o nueve bolsas de papel.

La próxima cosa que Ricardo vio que le pareció incomprensible, le dio escalofríos. La mujer se inclinó para recoger al niño, y como si todo estuviera en cámara lenta, el color de la piel del niño comenzó a cambiar y literalmente empezó a cambiar de forma como si fuera de una película de ciencia ficción. *¿Qué rayos está pasando?* Ricardo se inclinó para poder ver mejor y parpadeó varias veces para aclarar sus ojos y evitar cualquier cosa que pudiera distorsionar la imagen. La piel suave del bebé se volvió rígida y luego arrugada y áspera. Las características primordiales de un infante se perdieron en un instante sin que Ricardo pudiera comprender en su totalidad qué estaba ocurriendo, el niño se encogió y se convirtió en...*una bolsa de papel* ...en el mismo instante que la mujer se inclinó para tomarlo. Los ojos cansados de la mujer denotaban profunda gratitud, y con sumo cuidado colocó la bolsa en su bolso con las otras y siguió caminando.

Ricardo estaba pasmado. *Estos niños...Sus propias madres los dejan, y ¿luego ellos* **se**

EL FACTOR LIEBRE/HOUSEHOLDER

transforman en bolsas de papel para alguien más? Toda esta escena le parecía algo inquietante, y el dolor que sintió era casi insoportable. *Esto tiene que ser un sueño...creo que ya es hora de despertarme...* Se golpeó las mejillas, pero no tuvo ningún resultado. Se golpeó más duro, pero no pasó nada y sí le dolió. Mientras se sobaba las mejillas, el recuerdo de la transformación del niño le seguía pareciendo raro, pero lo que le importaba era regresar con Felicidad, y el tratar de despertarse a sí mismo no estaba funcionando.

De pronto, se sintió algo enfermo al pensar que tenía que regresar al camino a buscar más bolsas de papel. ¿Qué bien le haría? Él podía ver que nadie regresaba. Y ¿cómo lo iban a hacer? *Nunca* encontraban lo suficiente en esas bolsas como para poder renunciar a esa locura. Y tan pronto alguien encontraba una bolsa con una porción más grande de la acostumbrada rebanada de pan con mermelada y crema de cacahuate, lo único que hacía era abrirle el apetito por más y salía corriendo por más sándwiches.

¡Esto es una locura total! Si continúo haciendo lo mismo que ellos, nunca llegaré a casa. Meneó la cabeza mientras trataba de no derramar lágrimas de frustración que se estaban formando en sus ojos. Algo dentro de sí le susurraba que él estaba destinado a cosas mejores que éstas. *¡Tiene que haber una mejor manera!* Quería darse la

CAPÍTULO TRES ~ EL CAMINO

vuelta y regresar con su esposa, pero no tenía nada que llevarle. *Necesito encontrar algo permanente,* pensó él.

Ricardo cerró los ojos y trató de imaginar, de *crear* una solución en su mente. Era una de las cosas más difíciles que jamás había intentado: dirigir sus pensamientos hacia una respuesta desconocida, sin identificar.

El instinto le decía que tenía algún tipo de respuesta escondida en algún lugar. Pero su mente era propensa a desviarse de curso, a pensar en las imágenes de las personas que le hicieron daño...a pensar en lo que probablemente estaba hacienda su esposa en ese momento...o a reflexionar en lo pequeñas que eran las porciones de las bolsas de papel. Pero, con cada tentación que le impidiera concentrarse, él conscientemente se forzaba a buscar con más fuerza y profundidad por una NUEVA idea...

...pero nada vino a su mente. Ricardo soltó un suspiro de frustración y abrió los ojos. Extrañamente, vio que no había nadie a su alrededor. ¿Acaso el mero hecho de esforzarse por pensar diferente de las multitudes lo ponía aparte de los otros, en un sentido muy literal? ¡Todos habían desaparecido! La presente situación tenía totalmente confundido a Ricardo, hasta que recordó algo que su padre le había dicho más de una vez: "No hay labor que las personas evitan al máximo, como aquella que les exige mantener sus pensamientos enfocados en un objetivo por un periodo de tiempo consecutivo. Es el trabajo más difícil del mundo". *¿Quién dijo eso? Oh sí, ya recuerdo ese nombre, cómo lo puedo olvidar, fue Wallace Wattles. Wa-, Wa-, ¡Guau!* Ricardo se rió. *¿Y quién era ese tipo?* La mente de Ricardo deambuló. Pensó de nuevo en las palabras de su padre y al fin se dio cuenta: *el pensar, ES un duro trabajo, no es así, padre. Sé que tiene que haber una solución; pero no sé qué es lo que estoy buscando.*

El padre de Ricardo había vivido una vida bastante cómoda. Era un hombre callado, pero había creado una hermosa vida para su familia. Parecía ser un hombre común, pero vivió la vida de un millonario. No una vida ostentosa, pero abundante. Conducía autos modestos, pero de buena calidad y tenía una casa pequeña que estaba amueblada elegantemente. Viajaba a lugares exóticos y regresaba con regalos interesantes del Oriente y de Europa. Si no hubiera fallecido de una manera tan repentina, Ricardo hubiera sido más consciente del tipo de hombre que era su padre. Víctor era cinco años mayor que Ricardo y él había pasado largas horas hablando con su padre, deduciendo la sabiduría y entendimiento que acompaña la mentalidad de un millonario. Inconsciente de que tal cosa existiera, Ricardo

CAPÍTULO TRES ~ EL CAMINO

recién estaba empezando a darse cuenta de que hasta ahora no sabía que *había algo más por saber*.

Ricardo exclamó en alta voz dirigiéndose a su padre: "¡Papá, ni siquiera sé lo que estoy buscando!".

"¿Qué es lo que *quieres*?". La voz del padre de Ricardo le habló a su mente.

¿Qué es lo que quiero?

~ CAPÍTULO CUATRO ~
EL MIEDO

Mientras Ricardo dormía junto a la roca, Felicidad y Mateo continuaban buscándolo sobre las piedras y entre los árboles del bosque. Aunque todavía lo seguían llamando, él ya no podía escuchar sus voces. La espesura del bosque lo escondía de sus vistas, aun cuando solamente estaba a unos cuantos pasos de ellos.

"¿¡Ricardo?!".

"¡Papi!", gritaba Mateo. Luego, mirando a su madre, le preguntó: "¿Dónde está papi? ¿Por qué estamos aquí en el bosque?".

Felicidad no sabía cómo responder, así que cambió el tema. "Mateo, ¿cómo estás, cariño? ¿Estás bien?".

"Sí mami, estoy bien, pero me duelen los pies", le dijo al mismo tiempo que levantaba su pie como para mostrarle la evidencia.

"Lo siento, amor". Se inclinó para sobar su piernita, mientras que lentamente miraba a su alrededor meneando su cabeza. "¿Qué dirección tomamos?", se decía a sí misma, "¿cómo lo voy a encontrar aquí?".

"¿Me puedo sentar, mami?".

EL FACTOR LIEBRE/HOUSEHOLDER

"Por supuesto que sí. Descansemos un minuto". Se sentaron juntos en un tronco caído y ella cerró los ojos para decir una oración en su corazón para que todo estuviera bien.

Felicidad se sintió un poco mejor, más segura de que encontrarían a Ricardo en buen estado, pero inmediatamente empezó a dudar de sus impresiones que le daban tranquilidad. *¿Qué tal si estoy equivocada? ¿Qué tal si él ya se dio por vencido? ¿Y si Mateo lo ve primero que yo y él está...?* Su imaginación comenzó a girar y a girar. *¿Qué tal si ya es demasiado tarde?* Sintió su cuerpo tensarse con miedo y se levantó muy agitada, asustando al niño y gritó "¡Ricardo!". No tenía intención de asustar a Mateo, así que rápidamente ajustó su comportamiento. Decidió también que era el momento de ir a buscar ayuda.

"Hey, tengo una buena idea, vamos a quitarte los zapatos en la casa y dejar que tus piecitos descansen un poco, ¿está bien?". La voz de Felicidad temblaba, sin embargo, trataba de aparentar ánimo para esconder lo preocupada que estaba. Titubeó un poco, pero Mateo no lo notó. Levantando a su niño del suelo y tomándolo en sus brazos, se apuró lo más que pudo para ir a su casa. Su pequeño cuerpo se tambaleaba mientras avanzaba por el accidentado terreno. En unos minutos ya estaban en la cocina de su casa.

CAPÍTULO CUATRO ~ EL MIEDO

Quitándole los zapatos a Mateo le dijo: "Cariño, mira el reloj, ya es hora de que tomes tu siesta". Mateo estaba cansado y Felicidad necesitaba pensar. Le dio algo de beber y lo dejó sobre su cama.

Felicidad lo besó y cerró la puerta. Sin que hubiera unos ojitos observándola, se dejó vencer por su ansiedad y se puso frenética. Buscó desesperada el teléfono. Al fin lo encontró y al querer levantarlo se le cayó de las manos. Se agachó para recogerlo, y al tener que gatear debajo de la mesa y mover las sillas, una de ellas se atoró en la pata de la mesa y al empujarla, se cayó. Felicidad gimió y trató de ver los números entre las lágrimas que se empezaban a formar.

Dejando la silla caída en el piso gastado entre la mesa y el sofá de color verde, Felicidad acercó el teléfono a su oído y comenzó a caminar de un lado para otro. "Hola, ¿la policía? No encuentro a mi esposo, ¡*necesitamos* encontrarlo!".

"¿Cuándo fue la última vez que lo ha visto?".

"Este...no lo sé", dijo Felicidad mientras buscaba en vano un reloj en la pared o en la mesa, o cualquier cosa que le ayudara a tener una referencia. "No sé, alrededor de una hora...".

"¿Me puede dar su nombre, por favor?".

"Felicidad Buenhombre".

EL FACTOR LIEBRE/HOUSEHOLDER

"Felicidad, ¿hay alguna razón por la cual usted debería estar preocupada por tan sólo una hora de ausencia?".

"Bueno, él estaba molesto. Se fue sin decir palabra. Nunca hace eso. La verdad es que no sé qué va a...dónde o qué...yo...". Felicidad tartamudeó dándose cuenta de que la operadora no sentía el pánico que ella estaba tratando de transmitir.

"Señora Buenhombre, por favor cálmese un poco. ¿Tiene alguna idea de a dónde pudo haber ido su esposo?". Su pregunta era obviamente una declaración de rutina, más que una pregunta resultante de un interés genuino.

"Se ha ido a la arboleda detrás de la casa".

"He comenzado un informe, pero para ser honesta con usted, no lo podemos archivar como informe oficial de personas perdidas hasta que se haya ausentado por no menos de veinticuatro horas".

"¿¡Veinticuatro horas?! ¡¿Y si eso es demasiado tarde?! ¿Qué pasa si...no lo sé...acaso no hay nada que puedan hacer?".

"Si fuera un menor de edad, sería diferente. Pero el personal de policía no puede darle mucha prioridad a un caso como éste porque, francamente, la mayoría de las veces la persona se ha ido por su propia voluntad y también regresará por su propia cuenta antes de que pasen la veinticuatro horas".

CAPÍTULO CUATRO ~ EL MIEDO

Felicidad estaba muda.
"¿Señora Buenhombre?".
"¿Sí...?". Felicidad no sabía qué decir, pero tampoco quería colgar el teléfono. Estaba segura de que podía decir algo que cambiara el curso de la llamada. Finalmente, le dijo a la operadora: "Bien, ¿qué sugiere que haga? Tengo miedo de que...este, haga algo...". Tenía miedo de decir la palabra *suicidio* porque no quería imaginarse que tal posibilidad pudiera pasar. Sentía que si se la decía a la operadora, de alguna manera su temor cruzaría el umbral de la imaginación al de la realidad. Parecería tan serio. Ella esperaba que todo este evento no fuera más que una pesadilla.

"Felicidad, ¿tiene razón para creer que él está en peligro alguno?". De nuevo, su pregunta sonó a declaración.

"Bueno, sí y no...nunca ha amenazado...suicidio...o nada, pero estaba tan deprimido, y se fue sin dejar una explicación".

"¿Le gustaría que mandara a un oficial para que hable con usted, y por lo menos empezar el papeleo?". Finalmente la operadora mostraba algo de compasión.

Felicidad se tranquilizó. Aunque no era el tipo de ayuda que había esperado, pensó que sería un consuelo que viniera el oficial. Aun un poco de atención de las autoridades sería mejor que nada. El vacío que sentía adentro estaba devorando sus nervios. Debió de haber sido su gusto por su comida favorita y reconfortante, al igual que el saber que un oficial de policía venía en su coche con las luces y la sirena encendida, lo que le dio un repentino antojo por una dona glaseada rellena de jalea.

Después de darle a la operadora la información necesaria, Felicidad colgó el teléfono y caminó hacia la ventana. Miró fijamente a través del campo, hacia la arboleda. Desde ese lugar, el bosque parecía impenetrable. Los árboles parecían obscuros y severos. *¿Dónde estás, Ricardo? ¿Dónde estás?*

Le tomó al oficial aproximadamente cuarenta y cinco minutos el llegar a la casa de Felicidad. Mientras esperaba, buscaba en su casi vacía alacena algo que comer que le ayudara a sentirse mejor. No se sentía con hambre, pero el comer le ayudaría a calmar los nervios. Finalmente pudo encontrar unas galletas y batió algo de azúcar y leche para untar en las galletas.

Después de limpiar un espacio de la mesa, organizó todo para preparar su pequeña 'distracción'. Sus manos temblaban al pensar, con lujo de detalle, acerca de las horribles cosas que Ricardo estaba experimentando. La depresión, el enojo, la soledad, la desesperación...¡y el suicidio! ¡Se imaginó el funeral y cómo Mateo iba a tener que arreglárselas con la pérdida de su padre!

CAPÍTULO CUATRO ~ EL MIEDO

Felicidad preparaba la crema batida distraídamente. Su mente no estaba en las galletas, o la crema, ni en la silla tirada a un lado del sofá. Se sirvió un vaso de leche y empezó a remojar las galletas en la leche hasta que las galletas se saturaban de leche. Levantaba la galleta y la dejaba escurrir un poco antes de llevarla a su boca. Un pedazo de la galleta se quebró antes de tiempo y se escurrió por su barbilla y su blusa. La dejó ahí, mirando la galleta quedarse pegada a la blusa. Luego sintiendo que esa era una señal de que su vida estaba en pedazos, frunció el ceño y las lágrimas llenaron sus ojos de nuevo. Dejando las galletas sobre la mesa, levantó el tazón con la crema batida y se sentó en el sillón para comerse la crema batida sin galletas. En un momento, y sin darse cuenta, se había comido todo el tazón.

Agotada, asustada y sintiéndose mal por haber comido tanta azúcar, dejó el tazón a un lado y se reclinó en el sofá. Estaba a punto de hacerse bolita en el sillón cuando sonó el timbre de la puerta. Saltó de repente para ponerse de pie mientras gritaba, "¡Adelante!". Pero perdió el equilibrio y se cayó, golpeándose la rodilla con la silla que estaba tirada. Luchando por levantarse, pateó la silla en el instante que el oficial y su compañero abrían la puerta para entrar. El otro pie de Felicidad se atoró en uno de los peldaños y perdió el equilibrio.

EL FACTOR LIEBRE/HOUSEHOLDER

"¿¡Señora?!".

Las manos de Felicidad volaron enfrente de ella, como preparándose para amortiguar la caída en caso de que cayera. Luego, para ayudarse con el equilibrio, empezó a mover los brazos en círculos, como molinos de viento. Finalmente se estabilizó. Parándose derecha, se sacudió las migajas de la blusa, tratando, al mismo tiempo, de alisarla, pero no se dio cuenta de que se olvidó de la galleta que se había quedado pegada en el pecho de su blusa. "Estaba, este...". Al final Felicidad dio un suspiro profundo y se resignó a dar una primera impresión de resignación.

"¿Podemos entrar?".

Recuperándose un poco dijo: "Sí, por supuesto, adelante".

Tranquilizada por la llegada de los oficiales después de lo que le pareció una eternidad, Felicidad trató de contener un nuevo ataque de llanto, y lo logró...por unos instantes. Luego se secó las lágrimas, arruinándose el rímel barato que corría como ríos negros sobre sus mejillas.

Los oficiales la observaron, sin saber a ciencia cierta en qué era lo que se habían metido esta vez. La ligera capa de glaseado alrededor de su boca semejaba los restos de una terrible bebida espumosa que no se había limpiado dándole una apariencia descuidada. El oficial mayor miró hacia la silla que estaba en el piso, y luego la miró a ella.

CAPÍTULO CUATRO ~ EL MIEDO

Un poco avergonzada, Felicidad sacó su pie de entre las patas de la silla, la pateó hacia atrás, y señaló a los oficiales para que entraran.

El oficial mayor Contreras decidió no enfocarse más en el desorden. La pobre mujer obviamente estaba desesperada y él solamente quería hacer su trabajo lo más pronto posible. Su compañero menor le miró, y como respuesta, el oficial mayor discretamente meneó la cabeza con un ligero parpadeo queriéndole decir "No te preocupes por todo esto".

Pero antes de que el oficial mayor procediera a hacer sus deberes, miró una vez más a la silla. *Sí* estaba un poco sorprendido de que ella no la hubiera simplemente levantado.

"Señora, ¿podría darme más información acerca de su, mmm, esposo?".

Felicidad asintió y lo dejó sentarse en la silla cerca de la pequeña mesa de la cocina. Empujó las galletas y la radio hacia uno de los costados de la mesa para tener más espacio para los documentos de los oficiales. El oficial menor, apellidado Hacenada, permaneció parado detrás de Contreras, y Felicidad se sentó en el sillón, no muy lejos de sus visitantes.

Contreras, el oficial mayor, la miró directa y profundamente, le era difícil evitar mirar los ojos de mapache, las líneas de lágrimas que había dejado el rímel, y la mezcla negra con el glaseado

EL FACTOR LIEBRE/HOUSEHOLDER

de las galletas. La operadora de teléfono les había dicho que no era un asunto muy urgente, así que se preguntaba por qué esta mujer estaría hecha un desastre. Finalmente le preguntó: "Señora, ¿hace cuánto que su esposo está extraviado?".

"Hace como dos horas...". Se dio cuenta que el oficial no la estaba mirando a los ojos. ¿Le estaba mirando la boca? Tímidamente, trató de limpiar su boca con el brazo. Miró al oficial menor, quien parecía estar poco interesado en la situación de ella y más en las galletas y la leche sobre la mesa.

Contreras se recargó en la silla y relajó sus hombros. "Señora, ¿no piensa usted que su esposo solamente salió a dar un paseo?".

¿Cómo podía ella contestar esa pregunta? Se estaba ahogando con los sollozos. Si hubiera tratado de hablar, hubiera sonado como una pequeña niña. El tono condescendiente del policía la hacía sentirse minúscula. Felicidad meneó la cabeza lentamente, pero no pronunció una sola palabra.

~ CAPÍTULO CINCO ~
LA INSTRUCCIÓN

Recargado sobre la fría y dura roca, Ricardo continuó durmiendo. En el árbol que estaba arriba de él, había una serpiente que se deslizaba y observaba a Ricardo. Lenta y silenciosamente se arrastró hacia una rama inferior, y se detuvo.

La brisa estaba fresca, pero el sol brillaba por entre los árboles y eso lo mantenía caliente. En el mismo instante su mente estaba muy lejos de ahí, observando las extrañas escenas del sendero y los campos de color ámbar a su alrededor. De nuevo escuchó la voz de su padre decir: "¿Qué *quieres*? Ricardo, nuestras mentes son herramientas poderosas. Tus pensamientos tienen vida, y hacen más de lo que piensas. No seas descuidado con tus pensamientos". Ricardo de repente sintió que no estaba solo, giró la cabeza y ahí vio a su padre sonriendo.

"¿Papá?". La última vez que Ricardo había visto a su padre, era cuando tenía tan sólo doce años. Por desgracia, esos últimos recuerdos estaban manchados con imágenes de la batalla final de su padre contra el cáncer. Casi no reconoció a su padre parado ahí, tan robusto y saludable. Parecía tener

EL FACTOR LIEBRE/HOUSEHOLDER

la fuerza y la salud de un hombre en la flor de su juventud.

Su padre había sido un brillante hombre de negocios, al menos eso le había dicho. Pero, ¿qué significa eso para un niño? A causa del cáncer, la vida de su padre había sido truncada y Ricardo, su madre y su hermano de diecisiete años, habían quedado abandonados.

"Hijo", su padre sonrió y abrió sus brazos.

"Oh papá...". Ricardo se fundió en los brazos de su padre, tal y como lo había soñado una y otra vez. Cuando se sentía solo o deprimido a menudo cerraba sus ojos y visualizaba este momento. "Papá, te he extrañado tanto tanto...estás aquí! ¿Cómo....?". Ricardo exclamó por entre sollozos.

"Ricardito, mi pequeño Ricardito. He estado contigo de vez en cuando, pero no me podías ver. A veces, tus pensamientos me acercaban, de la misma manera que estas cosas que ahora deseas. Ésa es la razón por la cual estoy aquí ahora: ¿quieres dinero? Usa tus pensamientos. ¿Necesitas comida? Usa tus pensamientos. Piensa en los deseos dignos de tu corazón, y ellos se acercan a ti espiritualmente".

"¿Qué quieres decir, papá? No te entiendo", dijo Ricardo mientras que se desprendía del abrazo de su padre, pero continuó estando cerca.

"Todas las cosas físicas tienen un homólogo espiritual. Al pensar, acercamos esos homólogos espirituales a nuestra persona. Al mantener ese

CAPÍTULO CINCO ~ LA INSTRUCCIÓN

pensamiento, los ángeles siguen nuestras indicaciones y arreglan los asuntos de los hombres de tal manera que causan que los deseos dignos que tenemos pasen del plano espiritual hacia el plano físico".

Ricardo arqueó un poco las cejas y meneó la cabeza suavemente. "Papá, eso parece tan simple y algo extraño. He pensado tantas cosas que nunca se han hecho realidad".

"Mientras tú creyeras que venía, tu sueño estaba en camino. Todas las cosas en el universo que se requería para que el sueño se volviera realidad, estaban siendo juntadas para tu beneficio. Sin embargo, y aquí es donde la mayoría de las personas fallan, en el momento que dudas o temes, todas esas fuerzas dan marcha atrás y las cosas, ideas, situaciones y personas que necesitas, son retiradas inmediatamente de ti".

Luego de una pausa, su padre luego continuó: "Nuestros pensamientos negativos causan literalmente que nuestras bendiciones sean rechazadas. Si tú puedes visualizar lo que quieres, y crees que está en camino, por la ley de Dios debe de venir. Mantén esa creencia, y a su tiempo, la tendrás". El papá de Ricardo miró a su alrededor y extendiendo la mano dijo a su hijo: "La tierra abunda con todo lo que el hombre pueda desear. Sólo que con el uso incorrecto del pensamiento, no lo puede ver". Bajó su brazo y tocó la frente de

EL FACTOR LIEBRE/HOUSEHOLDER

Ricardo, "Cambia tu manera de pensar, y verás oportunidades a tu alrededor. Has estado ciego a ellas, pero todas están cerca de ti ahora mismo".

¿Ciego a ellas? Ricardo pensó en el hombre rubio que no podía ver las bolsas de papel. *¿Qué es lo que no estoy haciendo? ¿qué es lo que está a mi alrededor y no lo veo?* Ricardo miró a su alrededor. No estaba seguro de lo que estaba buscando, pero nada saltaba a la vista. Vio el maltratado camino, los vastos campos en cada lado, la hilera de árboles y los bosques a lo lejos. Miró a su padre un poco confundido.

"Hijo, tienes que saber qué es lo quieres. Si alguien más tiene lo que quieres, aprende de ellos, pero debes confiar en tus propios instintos para hacer las decisiones correctas. La voz de la inspiración solamente vendrá después de que tengas una imagen clara en tu mente de lo que *tú* estás buscando, y *después* de que te sientas verdaderamente agradecido, como si ya tuvieras el éxito".

Todo este rollo filosófico no tenía mucho sentido para Ricardo. Le parecía demasiado vago e inútil. En este sendero, muchas cosas eran extrañas, y esta conversación era una de ellas. Así que no la tomó muy en serio y simplemente asintió con la cabeza y dijo "Gracias, papá".

CAPÍTULO CINCO ~ LA INSTRUCCIÓN

"Ahora ve, sé consciente de lo que quieres, y cuando lo encuentres, no dejes que se te escape. Ya sabrás qué hacer".

Ricardo parpadeó y asintiendo con la cabeza levantó los ojos como para mostrar que estaba memorizando el consejo de memoria. Pero antes de que pudiera agradecer a su padre de nuevo, el amable y sabio caballero había desaparecido.

Ricardo vio a su alrededor, para ver si veía a su padre, pero estaba solo de nuevo. Con un suspiro sentimental, tomó una pausa y miró de nuevo al camino. "¿Qué es lo que quiero? ¡Me quiero despertar! ¡Eso es lo que quiero!". Luego, con otro suspiro se dijo: "Quiero alimentos para mi familia. Quiero ir a casa con mi esposa y Mateo". Miró a lo largo del camino en ambas direcciones, un poco confundido porque no podía recordar de cuál dirección había venido. Vio unas cuantas huellas en la tierra donde el asfalto se había gastado por completo. Todas apuntaban en la misma dirección así que decidió seguirlas.

En alguna parte alejada del camino, algo movió el pasto. Ricardo saltó espantado por el ruido repentino. El pasto alto y dorado, como espigas de trigo, se movía con la ligera brisa, y todo estaba tranquilo de nuevo. En un lugar, como a 30 metros de distancia, vio un espacio entre las espigas… algo se escondía en ese lugar. En un instante, escuchó otro ruido y el espacio desapareció.

~ CAPÍTULO SEIS ~
LA LOCURA

Al instante, y viniendo del espacio en el campo de espigas, escuchó el gruñido agresivo de un perro enojado y agitado. *Oh no, por favor no...* Ricardo se mantuvo quieto. El perro ladró y saltó alejándose de él. Después de un momento de tensión, apareció, ladró, gruñó, y salió disparado para un lado y luego para el otro. Ricardo se relajó un poco al darse cuenta de que el perro no lo había visto; sin embargo, decidió caminar con cautela alejándose del perro rabioso. El perro definitivamente estaba rabioso, su hocico echaba espuma y sus brillantes ojos amarillos ponían a Ricardo muy nervioso.

Pero antes de que Ricardo se pudiera mover, vio al perro dirigirse *directamente* hacia él, y rápidamente empezó a correr asustado y jadeando cruzó al otro lado del campo. Saltó sobre montones de tierra, y pasó volando por entre las espigas del pasto. Volteando para ver hacia atrás vio que el perro estaba a cinco metros de distancia, y de repente salió disparado en otra dirección.

Ricardo empezó a caminar más despacio hasta que por fin se detuvo para tomar aire. Con

las manos sobre sus rodillas y jadeando, levantó un poco la mirada y dijo "¿Qué pasó?".
¿Por qué el perro se fue? Ricardo se preguntaba. *¿Acaso hay algo más peligroso por aquí?* Nerviosamente, Ricardo miró a su alrededor buscando algún peligro escondido. No había nada que pudiera haber espantado al perro. Ricardo estaba perplejo. Los gruñidos y los ladridos continuaban, y el perro literalmente saltaba de un lado a otro en frenesí. *¿Qué le pasa a ese perro? ¡Está loco!* Ricardo regresó al camino, callada pero rápidamente, y sin perder de vista al perro sólo por precaución. El perro seguía ladrando, gruñendo, saltando de un lado al otro. *Pobre perro. Ojalá que alguien pudiera llevárselo de **mi pesadilla**.* Se rió de su pequeño chiste y continuó caminando cuidadosamente por el camino, sintiéndose un poco más seguro ahora que había decidido que el perro estaba loco, y que no era muy peligroso.

Mientras se alejaba del perro, pensó en la visita de su padre. Se sonrió y volvió a revivir el genuino amor de su padre.

Su momento de paz se vio abruptamente interrumpido con la súbita aparición del mismo perro loco de antes que se paraba enfrente de él. Esta vez, el perro traía en su hocico una liebre, y con una apariencia más tranquila miró a Ricardo y se alejó tranquilamente de él, hacia el campo de espigas al otro lado del camino.

CAPÍTULO SEIS ~ LA LOCURA

Ricardo se detuvo y pensó: *¿una liebre? ¡¿Todo este tiempo estaba persiguiendo una liebre?!* Soltó una carcajada repentina al darse cuenta de lo equivocado que estaba. El perro había estado persiguiendo una liebre. De repente, todo tenía sentido. El perro no estaba loco, ni rabioso. Ricardo pensó en todo el salto de un lado para otro, los gruñidos, y los ladridos...y se rió de sí mismo por haber juzgado tan precipitadamente al perro.

"Ooooh, a mí también me gustaría atrapar una liebre...". Alguien que estaba atrás de Ricardo habló. Ricardo se volteó, sorprendido por la repentina compañía.

"Sí señor, una liebre sería buenísimo. Mucho mejor que todos los sándwiches de mantequilla de cacahuate, ¿verdad? Mi nombre es Ricardo, ¿cuál es el suyo?". Ricardo extendió su mano al pequeño y regordete hombre que ahora estaba parado junto a él. Tenía el cabello desarreglado y la barba ya le empezaba a crecer.

El hombre no dejaba de mirar intensamente al perro que se alejaba tranquilamente, pero cortésmente respondió, "Arnaldo. Arnaldo Quimera". Dio un suspiro lentamente y exclamó: "Quiero uno de esas liebres". El rostro de Arnaldo no tenía ningún rastro de expresión. Parecía estar atemorizado por el mero recuerdo del premio.

Sin otra palabra, el hombre se salió del camino y se dirigió al campo, trotando torpemente como por unos diez metros. Luego, con un ademán de las manos y una sonrisa, empezó a saltar de un lado a otro, como si estuviera persiguiendo alguna liebre. *Con la excepción de que no había liebre.*

Ricardo parpadeó. *¿Qué es lo que está haciendo?*

El hombre se detuvo, se rascó la cabeza y luego se puso a gatear, y en esa posición empezó a saltar de un lugar a otro, y por si eso fuera poco, comenzó a ladrar y a gruñir. ¡A gruñir! El hombre saltaba, gruñía, ladraba de un lado para otro, y Ricardo no podía creer lo que estaba viendo. *¡Dios mío!¡No puedo creer lo que ese hombre está haciendo!* Ricardo trataba de entender el comportamiento del hombre, pero no podía. Era como si estuviera tratando de imitar las acciones del perro sin que ni siquiera hubiera algo que perseguir, pensando que así encontraría una liebre. ¿A qué le ladraba? *El muy ingenuo piensa que el imitar a un perro loco, va a **PRODUCIR** una liebre? ¡Por favor! No hay una liebre! ¡Y si hubiera una en algún lado, la estaría asustando!* "Arnaldo Quimera! Si continúa haciendo eso...!".

Ricardo hizo una pausa cuando vio a tres o cuatro liebres detrás del hombre, espantadas por toda la conmoción. El hombre estaba completamente ajeno a su presencia, ni siquiera las escuchó alejarse de él, ni tampoco le ponía atención a lo que Ricardo estaba tratando de decir. Ricardo

CAPÍTULO SEIS ~ LA LOCURA

trató de contener la risa que se le escapaba, pero al final no pudo retener una sonora carcajada que se le salió por ahí. Rascándose la cabeza, se dio media vuelta y decidió dejar al hombre en sus propias cosas.

En ese momento la voz de su padre regresó a su mente. "Debes saber lo que quieres y ,cuando lo encuentres, persíguelo. Tú sabrás qué hacer".

Ricardo empezó a caminar lentamente por el sendero, repitiendo las palabras de su padre, y contemplando la absurda escena de la que había sido testigo.

Luego pensó acerca de su hermano Víctor. Recordó todas las cosas que la gente había dicho acerca de él, qué loco era, cómo a veces arriesgaba todo, y cómo el aplicar las mismas cosas nunca le había producido los mismos resultados para Ricardo.

Ricardo se detuvo al instante. Ese último pensamiento se hundió profundamente en los huecos de su alma, se llevó las manos a su boca en señal de asombro. *Siempre he estado tratando de hacer lo que Víctor hacía para poder obtener lo que él tiene. Yo **siempre** he tratado de hacer lo que alguien más hacía para recibir lo que ellos tenían, pero **no funciona** de esa manera, ¿verdad papá? ¡Lo que yo estaba haciendo era espantar el éxito que podría haber estado cerca!* Simplemente hacer lo

EL FACTOR LIEBRE/HOUSEHOLDER

que otros hacen es como imitar a ese perro loco,¿¡¿ verdad?!?

Ricardo pensó profundamente sobre esta nueva perspectiva. Pensó acerca de la manera en que debería comportarse para obtener diferentes resultados. Parecía tan sencillo, al menos filosóficamente. Se dio cuenta, antes que nada, que necesitaba calmarse y permanecer seguro de sí mismo. Pero ¿cómo podía mantenerse seguro cuando tenía tantas dudas de tantas cosas? Bueno, no estaba seguro de eso, solamente sabía que tenía que encontrar un camino. Sabía que para atrapar una liebre, tenía que permanecer con calma o las liebres lo detectarían y se escaparían. Necesitaba, de alguna manera, atraer hacia él la cosa que quería, porque estaba claro que saltar de un lado para otro, era una pérdida de tiempo.

¿Qué era lo que quería? *Una liebre sería buenísimo,* pensó. Sería algo que podría llevar a su casa, a su familia y preparar un platillo. Eso sería mucho mejor que todos los sándwiches que había encontrado. Se salió del camino y se sentó en un viejo tronco que estaba cerca del camino tratando de encontrar una liebre. Nada.

Oportunidades a mi alrededor, ¿eh? Empezó a sentirse cínico nuevamente. Meneando su cabeza, miró sobre su hombro y estudió el viejo camino de nuevo. Con un pesado suspiro, se paró y decidió especular más, pero después de juntar más

CAPÍTULO SEIS ~ LA LOCURA

sándwiches. Necesitaba la energía. Después de todo, este negocio de pensar era difícil y exhaustivo. Empezó a andar con un paso pesado, y antes de que se diera cuenta, estaba caminando hombro con hombro junto a cientos de hombres y mujeres que estaban buscando bolsas de papel. Pero esta vez, toda esta multitud lo fastidiaba más que nunca. Él lo sabía. Él sabía que había una manera de dejar las huestes en su búsqueda por su mediocridad. *Oliver Wendell Holmes...no dijo que "Una vez que una mente se estira gracias a una nueva idea nunca vuelve a su estado original"*? Ahora entendía el porqué la carrera de las bolsas de papel era tan insoportable para él. Nunca antes ese refrán le había sonado tan fuerte como ahora. No podía aguantar este estilo de vida ahora que sabía que había algo mejor que lo estaba esperando.

De hecho, estaba seguro que no se había dado cuenta de ellos antes, pero de vez en cuando veía individuos en el campo, alejados del camino bien transitado, quienes andaban en sentido contrario. Cada uno de ellos tenía un aura de confianza y expectativa a medida que caminaban al lado de las masas, pero en sentido contrario.

¿A dónde iban? No le tomó mucho tiempo a Ricardo deducir que ellos estaban en camino a casa, a sus familias, porque cada uno llevaba una liebre. Además de eso, atrás de ellos, había un pequeño pero creciente grupo de liebres que salían de la nada y los seguían como si fueran los ratones en el cuento del Flautista Mágico.

Ricardo le dio un codazo al hombre que iba caminando junto a él. El hombre se volteó a verlo con curiosidad.

"¿Viste eso?". Ricardo apuntó en dirección de la última persona que había atrapado una liebre.

"¿Ver qué?".

"Las personas con las liebres".

"Oh, ellos. Sí, veo ese tipo de personas de vez en cuando, me parece que son tan arrogantes".

"¡¿Arrogantes?!".

"Sí, de vez en cuando se me atraviesan en el camino exactamente enfrente de mí".

"¡No! ¿De veras? ¿Por qué harían algo así?".

"Creo que les causa gracia fastidiar a otras personas. Se paran enfrente de mí diciéndome cómo yo también podría atrapar mi propia liebre", el hombre se rió entre dientes. "En serio, ¿cuándo voy a tener tiempo para atrapar una liebre con tanto que hacer aquí en el camino? Ojalá me dejaran en paz".

"Bueno, y ¿qué les dices?".

"Les digo que son puras mentiras y que se hagan a un lado. Siempre he pensado que si algo parece demasiado bueno para ser cierto, regularmente lo es".

Ricardo no dijo nada. Siguió caminando a un lado de este hombre sin pronunciar una palabra.

CAPÍTULO SEIS ~ LA LOCURA

Finalmente se atrevió a preguntar: "¿Qué tal si de veras *pueden* enseñarnos cómo atrapar una liebre? ¿No quisieras una? ¿No tienes una familia a la cual ir si tuvieras una?".

"Claro que tengo una familia, pero es mi trabajo buscar sándwiches hasta que me jubile. Solamente me faltan como veinte años".

Ese pensamiento le dolió a Ricardo. "¿No te gustaría una liebre?".

"Mira, eso es demasiado bueno para ser cierto. Yo nunca podría atrapar una liebre. De hecho, no creo que yo debiera tener una".

"Y ¿por qué no?".

"Dios ha dicho que no puedo ir al cielo si atrapo una".

"¿Qué dices? ¿De qué estás hablando?".

"Dios ha dicho que las liebres son la causa de todos los males".

"No, no dijo eso".

"Sí, sí lo ha dicho, y si me disculpas...". El hombre se puso algo nervioso y se alejó rápidamente de Ricardo.

"¿La causa de todos los males?", Ricardo susurró.

Ricardo trató de comprender ese tipo de lógica. Ahí estaba un hombre que había planeado pasar los próximos veinte años de su vida alejado de su familia, pasando la mayoría del tiempo buscando bolsas de papel porque era tabú atrapar

EL FACTOR LIEBRE/HOUSEHOLDER

una liebre. ¿Era cierto?¿Acaso estaba él en una búsqueda prohibida que lo distanciaría de la fuente de todo lo bueno? Él no quería una liebre sólo por el hecho de tener una, quería una porque haría posible que él regresara a su familia.

Viendo el panorama de individuos en búsqueda perpetua de un sándwich tras otro, Ricardo no pudo evitar el pensar qué es lo que estaba pasando en las vidas de sus familias. ¿Tenían idea alguna de lo que se estaban perdiendo? *¿Tengo una idea de lo que me estoy perdiendo?¿Cómo sería visitar con regularidad el salón de clases de Mateo el próximo año? De todas maneras, me pregunto ¡qué hace uno de esos padres mientras está en el salón! Y luego está Felicidad. ¿No crecería y mejoraría mi matrimonio como nunca antes si tuviera el tiempo, los recursos, y la libertad para continuar desarrollando esa relación de la manera en que verdaderamente quiero? Si mi familia es lo más importante para mí, ¿dedico la mayoría de mi tiempo a esas relaciones? ¡NO! Me paso todo el tiempo buscando esas tontas bolsas de papel!* Ricardo de repente gritó: "¿¡La causa de todo mal?!". *Yo solamente quiero irme a casa. Solamente quiero una liebre para que por fin pueda irme a casa.*

¿Acaso era eso tan malo? Tal vez. Quizás era su destino pasarse la vida buscando esas bolsas de papel para fortalecer su carácter. Después de todo,

CAPÍTULO SEIS ~ LA LOCURA

eso es lo que hacen todas las personas. Siguen lo establecido. No se desvían. Haz lo que te dicen, y tendrás éxito. Sintió un poco de miedo al ver una bolsa de papel y recogerla. Decidió poner la idea de atrapar una liebre a un lado, al menos por el momento. Era muy conflictiva y, francamente, fastidiosa. Él *sabía* que eso era lo que quería, pero simplemente era un esfuerzo mental demasiado profundo como para hacer algo al respecto.

Las masas de gente alrededor de él se hacían más grandes. Muy pronto no pudo moverse sin golpear a alguien. Estaba en un verdadero embotellamiento humano. Ricardo gimió al aceptar el hecho de que a menos que escogiera pensar diferente de las masas, él se ahogaría en la mediocridad, y probablemente perecería de la conciencia de su propio fracaso al querer alcanzar su sueño. ¿Se perdería la oportunidad de ver Mateo crecer? ¿Cuánto tiempo más aguantaría su esposa la esperanza de que algún día él realizaría lo que se proponía hacer?

El propio pensamiento de decepcionar a Felicidad era más de lo que podía soportar. Se detuvo bruscamente y se dio cuenta de que era demasiado tarde para que él estuviera satisfecho simplemente siguiendo a las masas. Cerró sus ojos y se quedó parado. Por un momento las personas que pasaban a su lado lo golpeaban. A veces unos de los golpes eran tan fuertes que casi lo tiraban al suelo, pero él ni parpadeó.

Visualizaba a su esposa sonriéndole y veía a su pequeño Mateo corriendo a sus brazos. Éstas eran las imágenes que le traían gozo. Podía escuchar a Felicidad decir: "Mi amor, *lo lograste*. Yo sabía que podía contar contigo". Con sus ojos todavía cerrados, se deleitaba con su amor y podía sentir el gozo que le llenaba el hecho de regresar con sus seres amados...

...y las masas desaparecieron.

~ CAPÍTULO SIETE ~
LA TRAGEDIA

Calladamente, Felicidad sintió que su mente penetraba un estado de total penumbra. Las cosas no estaban saliendo bien. Ella estaba verdaderamente preocupada, ¿Quién la iba a ayudar si la policía no confiaba en ella? Ellos sólo la miraban, ¿qué podía hacer? Ella ni siquiera podía hablar con ellos sin sentirse como una idiota.
Si mis miedos son o no justificados, ¡al menos merezco un poco de genuina atención! ¿Quién me va a ayudar? ¿Quién me va a escuchar y convencerme de que todo está bien? ¿Quién va a cambiar la manera en que me siento? !¿Quién me va a salvar de esta pesadilla?!
El oficial Contreras respiró fuertemente, para que fuera obvio que estaba molesto. "Señora, si no me va a hablar, entonces no hay mucho que pueda hacer por usted".
Si no me va a tratar con respeto, entonces no voy a hablar con usted.
"Entonces, ¿qué vamos a hacer?". El oficial Contreras miró a Felicidad con el ceño fruncido. Le echó un vistazo a su compañero que estaba ansiosamente parado. El joven oficial Hacenada

parecía querer decir algo, como para romper la tensión, pero el mostrar compasión alguna socavaría a su arrogante compañero mayor, y seguramente recibiría una reprimenda más tarde.

Todavía sin decir palabra, Felicidad miró al piso desafiante, y oró por algún tipo de ayuda para salvarla de la humillación que sentía crecer adentro de ella.

Contreras sabía que cambiaría la situación. "Tal vez usted sabe *exactamente* dónde está su esposo y no nos quiere decir qué es lo que pasó, ¿es eso?".

Felicidad finalmente levantó la mirada, incrédula. Contreras le miró fijamente, como si buscara una pista de culpa en su respuesta. Ella frunció las cejas y sacudió la cabeza susurrando: "Esto no me puede estar pasando a mí...".

~ CAPÍTULO OCHO ~
LA DIFERENCIA

Ricardo abrió sus ojos y vio que el grupo se había desvanecido. Miró a su alrededor para ver a dónde estaban pero no parecía verlos en ningún lado. *¡Guau!* Pensó Ricardo, *eso fue fácil*. Decidió mantener presente de que si alguna vez se sentía abrumado entre las masas de las mentes mediocres, sólo necesitaría cerrar sus ojos e imaginar lo que quería, y más importante, imaginar los *sentimientos* que lo acompañarían. Supuso que la mayoría de la gente nunca toma tiempo para realmente hacer eso.

Se dio cuenta de una bolsa de papel en sus pies. Con una nueva actitud hacia ella, dándose cuenta de que no era su meta final, sintió, sin embargo, un nuevo nivel de gratitud. Miró al cielo y pensó: *gracias por esto. Me da la energía para continuar con mi meta*. Se agachó, recogió la bolsa y sacó un sándwich triple.

Una voz en su mente le habló y le dijo: *"¡Si continúas en este camino, los sándwiches serán más y más grandes! ¿Ya ves? Todo lo que necesitas es paciencia y persistencia y recibirás lo que necesitas aquí mismo en el camino..."*.

EL FACTOR LIEBRE/HOUSEHOLDER

~~~~~~

En el bosque donde Ricardo dormía, la serpiente levantó su cabeza y callada y amenazantemente lo miró. De repente, una rama se quebró y la serpiente cayó junto al brazo de Ricardo. Se escurrió por la manga de su camisa y se acomodó en su pecho. Permaneció lista, merodeando cerca del bolsillo de la camisa, siempre mirando el rostro de Ricardo.

~~~~~~

En su sueño, Ricardo se tomó un rato para pensar. Miró hacia el camino, como para determinar si lo que la voz le decía era cierto. ¿Verdaderamente encontraría todo lo que necesitaba en el camino? Pero en lugar de ver bolsas de papel, empezó a ver gente de nuevo. *No, eso es lo que todos piensan. Yo necesito pensar diferente a los demás. Tengo que pensar* **DIFERENTE**.

Le molestaba un poco que no estuviera solo en el camino. Pensó que debía estar deslizándose de nuevo en la mentalidad popular. Cerró sus ojos de nuevo y se imaginó a su familia. Pensó que estaba parado en el verde y frondoso patio de su casa, jugando con Mateo. Veía los árboles a su alrededor,

CAPÍTULO OCHO ~ LA DIFERENCIA

cómo pasaban a su lado al correr tras Mateo, mientras podía escuchar la risa de su hijo disfrutando ese momento juntos. Todavía con sus ojos cerrados, los pensamientos de Ricardo le pusieron una sonrisa genuina en su rostro y al abrir sus ojos de nuevo, se encontró con que estaba completamente solo.

¡Perfecto! Ahora, ¿en qué estaba pensando?
Se salió del camino, y se sentó en un montón de rocas que estaban como a cinco metros de distancia. Ya estaba consciente de que el pensar y sentir imágenes felices lo alejarían de las masas. Ahora lo que empezó a preguntarse era que era lo que necesitaba hacer para atrapar una liebre. *Debo usar mis pensamientos, ¿eh, papá? Me pregunto qué quería decir con eso.*

Cerró sus ojos y se imaginó una liebre enfrente de él. Ricardo encontró esto algo difícil, ya que no era muy bueno para mantener sus pensamientos concentrados. Pero a pesar de todo, logró ver en su mente el bosquejo de un pequeño animal gris con orejas grandes. La forma de la criatura era algo abstracta, pero por un breve instante, fue la imagen dominante. Todo a su alrededor era oscuro, una imagen borrosa, nada más.

Pero *sí* escuchó un ruido. Ricardo abrió los ojos y miró en el campo distante. Estaba seguro que había visto las altas espigas moverse en un lugar

EL FACTOR LIEBRE/HOUSEHOLDER

específico. Todo el campo parecía moverse con la suave brisa, pero en un lugar, algo parecía estar escondido.

Se paró con cautela, y lo vio: un pequeño animal con dos largas orejas, en la distancia y algo vagamente, ¡pero lo vio!

Enfocó su mirada en el animal y, lentamente y con sigilo, se aproximó a él.

Era imposible moverse por entre el campo sin hacer ruido, así que no pasó mucho tiempo antes de que la liebre lo mirara y saliera huyendo hacia el bosque, alejándose del campo.

"¡Aaaaaaaah! ¡No hay manera de que yo sea lo suficientemente rápido como para atrapar una liebre!". Ricardo alzó los brazos y los dejó caer pesadamente a su costado.

Gimió y regresó a su lugar de descanso en las rocas. Miró de nuevo hacia el camino, sintiéndose un poco solo. *No hay nadie en el camino, al menos nunca me faltó compañía cuando la quise.* Gritó en voz alta: "¡Al menos no estaba solo en mi miseria!".

Ricardo se sintió abatido por un momento. Finalmente se dijo a sí mismo, "¿Qué estoy haciendo? ¿Quién me creo que soy? Yo no soy Víctor. Yo no sé cómo hacer esto".

Él levantó su mirada justo para divisar a un hombre sonriendo que tenía una liebre agarrada por las orejas. Alzó la liebre como en un gesto de saludo a Ricardo, como a diez metros del camino.

CAPÍTULO OCHO ~ LA DIFERENCIA

La voz en su mente le dijo, "*¿Puedes creerlo? Mira a ese presumido...¡qué pesado! Se está burlando de ti porque no tienes una liebre*".
Pero Ricardo se aguantó de criticar. Reconoció la traviesa voz, pero escogió no escucharla, al menos no todavía.
Ricardo le devolvió el saludo con la mano mientras forzaba una sonrisa. El hombre le hizo una seña con la cabeza, como diciéndole que lo acompañara. Ricardo miró a su alrededor para asegurarse de que no había alguien más y la invitación era para él. Cuando no vio a nadie más, se levantó para seguir al hombre.
Ese hombre tenía algo de magnetismo. Se veía con tanta confianza, tan seguro de sí mismo y sus acciones. Ricardo quería ser como él. Quería saber lo que el hombre sabía. Quería saber cómo atrapar una liebre.
"Buen día", el hombre con la liebre saludó.
"Buen día", respondió Ricardo.
"Te vi sentado en el campo y pensé que tal vez te interesaría tener una breve conversación".
"¿Cómo lo supiste?". Ricardo estaba sorprendido por la intuición del hombre.
"Porque yo estaba en la misma situación que tú hace no mucho tiempo. Supongo que te has salido del camino para buscar una liebre. ¿Tengo razón?".

EL FACTOR LIEBRE/HOUSEHOLDER

Ricardo asintió y en sus ojos se vio una chispa de ánimo porque parecía que este hombre le iba a revelar un profundo secreto. "Sabes qué, ¡tienes razón! He estado en una odisea y, hasta el momento, lo único que he aprendido es que tengo que visualizar lo que quiero y sentir lo que se sentiría el tenerlo. Lo más raro me sigue pasando...sé que quiero estar con mi familia y, cada vez que pienso en eso y tengo los sentimientos que sentiría si estuviera con ellos, toda la gente alrededor mío desaparece".

"Eso es porque te has separado de las masas. La mayoría de las personas desean una liebre, o dicen que sería bueno salirse del camino que todos usan, pero sólo unos cuantos toman el tiempo para visualizarse haciéndolo".

"¿Cómo ayuda el visualizar? ¿Es acaso como un ensayo mental que me ayuda para que no tenga temor de tomar los pasos necesarios?".

El hombre meneó su cabeza y sonrió como si fuera a compartir el secreto más precioso de todos. "Oh no, es mucho más que eso". El hombre hizo una pausa y Ricardo se inclinó hacia él, esperando ansiosamente por lo que venía. El hombre miró intensamente a Ricardo y, de pronto, cambió el tema de la conversación. "¿Cómo te llamas?", preguntó.

"Ricardo. Ricardo Buenhombre".

CAPÍTULO OCHO ~ LA DIFERENCIA

"Mucho gusto en conocerte. Mi nombre es Ariel. Ariel Yaseva. ¿Tienes algo para comer?".

"¿Qué? Oh sí, tengo parte de un sándwich", Ricardo se puso un poco reservado. "¿Por qué?", preguntó con un obvio aire de sospecha.

"Hmm, por nada. Bueno, me tengo que disculpar porque tengo que comer algo. Tal vez te vea por ahí en otra ocasión". Muy cortésmente, el hombre se despidió con una mirada en sus ojos que le decía que estaba torturando a Ricardo a propósito.

"¡Espera un minuto!". Ricardo no iba a dejar que el hombre se alejara precisamente en el momento en que iba a descubrir el secreto.

El hombre se volteó con si estuviera confundido.

"¿No me ibas a decir cómo el visualizar ayuda?".

"Bueno, sí, quizás. Pero es la hora de comer y me gustaría hacerlo ahora". El hombre era franco, pero amable.

"*Está bien*, si te doy el resto de mi sándwich, ¿te quedarás conmigo y me enseñarás lo que sabes? ¿Por favor?". Ricardo sentía la urgencia de aprovechar la oportunidad de adquirir conocimiento, aun si eso significaba dejar atrás todo su orgullo. No sabía si alguien más con la misma experiencia se molestaría en detenerse y compartir el conocimiento que tan ansiosamente buscaba.

Ariel sonrió y aceptó el sándwich que Ricardo con ilusión le entregaba, aun cuando era todo lo que Ricardo poseía. ¿Podría alguna vez recuperarlo? Pensó en los hombres que competían tan ferozmente por una mísera bolsa de papel en el camino cuando había tantos más regados, sin que los vieran. Él sabía que había más bolsas de papel, muchas más de las que las personas se daban cuenta que había. Confiando en que el conocimiento valdría el pago, dejó todas sus preocupaciones a un lado. Simplemente, si necesitaba una bolsa, iría y la encontraría.

El hombre se comió la comida de Ricardo y le señaló que se sentara con él para continuar la conversación.

"Contrario a lo que tú puedas pensar, visualizar no es solamente bueno para tomar valor". El hombre hablaba pausadamente, "Visualizar una circunstancia favorable en tu mente, literalmente provoca que cosas que no se ven, pasen de manera misteriosa". Pausó y miró el rostro de Ricardo buscando alguna señal de credibilidad o de escepticismo. Viendo sólo una expresión de extrema curiosidad, continuó. "De hecho, hay algunos rumores terribles y engañosos que andan circulando por el camino entre los recolectores de bolsas de papel: ellos dicen que para

CAPÍTULO OCHO ~ LA DIFERENCIA

dejar el camino uno debe de tener un sueño suficientemente *súper grande*. El problema es que la gente piensa que eso quiere decir que para hacerlo necesitan tener un sueño muy grande para *darles la motivación para hacer cosas casi súperhumanas*". Ricardo asintió con la cabeza, pues esa era una perspectiva que él tenía. "Pero en realidad, es el sueño mismo, los pensamientos apasionados de lo que quieren, que emanan de su mente como ondas de radio y que salen liberadas al universo, causando que cosas sorprendentes pasen a su favor".

La voz del hombre mostraba entusiasmo, como si cada vez que pensara en ello, quedara tan sorprendido como cuando lo aprendió por primera vez. "En otras palabras, si estás entusiasmado con la idea de atrapar una liebre por las orejas, entonces las liebres literalmente vendrán a ti, simplemente con tus pensamientos. Por tus pensamientos las acercas, por tus acciones las recibes".

"¿Me estás queriendo decir que mis pensamientos hacen que pasen cosas que no puedo ver? No quiero parecer algo tonto, pero ¿de *qué* me estás hablando? ¿Qué tipo de pensamientos?".

El hombre respondió: "¡Es tan increíblemente sencillo! Tienes que tener *gratitud* por tus condiciones presentes, no importa cuáles sean, porque es la lección del presente que te prepara

para las bendiciones del futuro. Ten pensamientos de gratitud por tu presente situación. También, tienes que tener pensamientos de cómo te sentirás cuando alcances tu meta".

Agregó, "Los pensamientos de *confianza* son vitales también; confía que un poder mayor te está guiando para encontrar y atrapar una liebre. Y lo más importante, debes de tener pensamientos de *confianza* de que hay una solución, no importa qué clase de obstáculos puedan aparecer. Estos pensamientos son todos invisibles, pero poderosos mensajes que son liberados y hacen muchas cosas por ti que tú no podrías hacer por ti mismo".

"Así que tengo que estar agradecido aun cuando no tengo una liebre", repitió Ricardo.

"Sí. Debes estar genuinamente agradecido por cómo están las cosas en la actualidad, y luego estar completamente agradecido por cómo las cosas llegarán a ser en el futuro. Mira, el estar agradecido por algo antes de que se haya logrado es fe, y la fe mueve montañas".

"Entonces, ¿todas esas personas con liebres simplemente piensan diferente que el resto de nosotros? Y yo que pensaba que eran más rápidos, o fuertes o inteligentes".

"No, la mayoría de ellos son como cualquier otra persona".

Ricardo no estaba totalmente convencido. Señalando a algunas de las personas en la

CAPÍTULO OCHO ~ LA DIFERENCIA

distancia que tenían liebres dijo: "Pero si parece algo tan natural para ellos. Cada persona exitosa que he conocido está tan segura de sí misma. Nunca los he visto mostrar alguna duda. Es como si hubieran nacido o hubiesen sido criados de esa manera. Por otro lado, yo...tendría que batallar mucho para pensar consistentemente de esa manera. Sería tan anormal".

El hombre con la liebre sonrió y asintió en acuerdo. "Sí, puede tomar algo de práctica. Pero para serte sincero, la mayoría de esas personas con liebres tuvieron que desarrollar esa disciplina mental también; al igual que tú". Soltó una sonrisita. "Sabes, no eres el único que por observación ha deducido que los ganadores son algo más dotados que el resto. ¿No piensas que es una ironía que la gente que *no* tiene liebres sabe todo lo que hay que saber para atrapar una?".

Ricardo asintió: "Como el tonto que vi que pensaba que atraparía una liebre por saltar como un perro".

"Oh, ¡dime que estás bromeando!".

"No, te lo prometo".

Ariel hizo una mueca de incredulidad. "Si tan sólo la gente aprendiera a *pensar* diferente. Si tan sólo aprendieran a *pensar* como un ganador, ¡entonces ganarían! Les diría que *vieran* la liebre nítidamente antes de lanzarse al ataque! ¡Eso es sentido común! Y les diría: ¡No tengan excusas! Los triunfadores no tienen excusas, ¡punto! Ricardo, en caso de que no lo hayas notado, las excusas son una epidemia en el sendero. Muéstrame una persona con una excusa y también te mostraré a un triunfador determinado a ganar, a pesar de tener la misma, o peores circunstancias. Nadie tiene un obstáculo tan grande que no halle un camino preparado para que tenga éxito. Te lo prometo".

Tomó una pausa y miró el rostro de Ricardo, como para determinar si Ricardo estaba entendiendo.

Ricardo habló cuidadosamente, como para asegurase de que no pareciera que estaba poniendo excusas: "Bueno, estoy seguro de que hay ocasiones cuando una tarea es verdaderamente imposible. Por ejemplo, jamás se va a ver un anciano ganar el primer lugar en una maratón, ¿verdad?".

Con una pequeña sonrisa, el hombre levantó las cejas, parpadeó y encogió los hombros. "He aprendido a nunca decir 'jamás'. También he aprendido que si creo que no puedo hacer algo bajo ciertas circunstancias, en algún lugar entre los billones de personas en este planeta existe alguien que lo haría de cualquier manera. Así que me pregunto: ¿por qué no yo? Y si ese fuera mi sueño, el ganar un triatlón ya de viejo, y si pudiera creerlo, entonces sería posible. Pero necesitaría una razón muy altruista para hacer algo como eso, y el deseo tendría que estar lleno de emociones intensas.

CAPÍTULO OCHO ~ LA DIFERENCIA

Estoy seguro que en la historia de la humanidad, muchos ancianos han hecho cosas físicamente imposibles, equivalentes a un triatlón, tal vez porque su vida dependía de eso. Los milagros sí suceden".

"Lo que no entiendo es cómo una persona puede hacer algo extraordinario si ellos *ya* no tienen lo que es necesario para hacerlo".

"Seré honesto contigo; la mayoría de las personas *no pueden* alcanzar sus sueños, así como son. Pero la gente puede cambiar. El éxito viene cuando una persona se somete a un cambio, pero no es el tipo de cambio que piensas. Mira, aunque una persona no tenga todo lo que necesita para hacer que algo pase inmediatamente, esa persona ciertamente tiene todo lo que necesita para empezar, y eso es todo lo que importa. Si se visualizan exitosos y sienten la victoria como si fuera real, y creen que de alguna manera habrá un camino, entonces lo esperarán. *Deben* de esperarlo. Luego, cuando van tan lejos como pueden ir y se encuentran con lo que parece ser un obstáculo, *ahí* es donde deben esperar encontrar una manera de superarlo".

Finalmente Ricardo lo entendió y asintió. Pero ahora quería consejos específicos para su propia vida. "Muy bien, con eso ya dicho, todo lo que quiero es proveer para mi familia y disfrutar mis días disfrutando de su compañía. No quiero pasarme toda la vida en esta competencia de bolsas de papel".

"¿Sabes cómo lo vas a lograr?".

"No tengo la menor idea, pero creo que el atrapar una liebre me ayudará".

"Entonces es sencillo. Vas a necesitar escribirlo, y *saber* que el propio acto de hacerlo causa que cosas que no se ven pasen para tu beneficio".

"¿Necesito escribirlo? ¿Cómo me ayuda eso?".

"Bueno, es medio chistoso. La pura visualización logra muchas cosas. Pero es algo fabuloso el escribir la meta en papel y saber que el escribirlo es como presentar una orden especial al Chef Maestro. Como aquí no hay meseros, tienes que poner tu *propia* orden. Cuando el sueño viene tal y como lo has ordenado, sabes por cierto que ha sido el Maestro quien te lo ha dado. ¡Y Él ama el reconocimiento! Cuando tan sólo te lo imaginas, y se hace realidad, entonces uno se pregunta si fue tan sólo una coincidencia o no".

"Tienes que estar bromeando. ¿Quieres decir que escribes lo que quieres, y viene?".

"Básicamente, sí. Pero hay algo más que eso".

"¿Como qué?", preguntó Ricardo con algo de curiosidad.

"Bien, déjame preguntarte algo. Si yo me regresara al camino y le dijera a todos allí que lo

CAPÍTULO OCHO ~ LA DIFERENCIA

único que necesitan hacer es tomarse el tiempo para escribir exactamente lo que quieren, y se haría realidad, ¿qué piensas que dirían?".
Ricardo soltó una risita. "Sí, ya he escuchado eso. ¿Qué piensas que ellos harían si les dijeras que escribieran lo que quieren?".
"Bueno, dudo que harían algo. Y aun si lo escribieran, dudo que ellos creerían que funcionaría".
"Tienes razón. De hecho, sólo aproximadamente un tres por ciento de la población lo toma en serio, y por supuesto, no es ninguna sorpresa que solamente un tres por ciento puede lograr que las liebres vengan a ellos".
"¿De veras?".
"Sí. Mira, la clave está en el creer. La gente está acostumbrada a creer sólo en lo que ven, o lo que detectan con sus sentidos. El tres por ciento conscientemente escoge creer en algo que crean en su mente. En este momento no estás con tu familia, pero cada vez que cierras los ojos para imaginar y sentir ese feliz reencuentro, las circunstancias cambian literalmente, las liebres se están aproximando. Haz eso seguido, creyendo sin reserva alguna que ya es un hecho, y *sucederá*. Por ley".
"!¿Ley?¡".
"Leyes del pensamiento".

EL FACTOR LIEBRE/HOUSEHOLDER

"¿Hay leyes del pensamiento? ¿Qué quieres decir con eso?". Las cejas de Ricardo se habían arqueado y sus ojos estaban bien abiertos.

"Bueno, pues al igual que la gravedad es una ley de la naturaleza, también hay leyes que regulan cómo nuestros pensamientos afectan nuestras circunstancias. Y como la ley de gravedad, no tenemos que entenderla o creerla para ser afectados por ella un cien por ciento".

"¿Me quieres decir que yo me he gobernado por 'leyes del pensamiento' toda mi vida y nunca lo he sabido?".

"Exactamente. No mucha gente ha descubierto que sus propios pensamientos afectan sus circunstancias de una manera significativa. Pero aquellos que lo han descubierto han encontrado que ese conocimiento es una gran ayuda para ellos. A medida que creen en un propósito, las cosas que necesitan son atraídas a ellos. Pero cuando ellos permiten que la duda entre, las cosas son retiradas. Esto trabaja con absolutamente todos, pero ¿cuál crees que es el problema? ¿Por qué piensas que no es obvio para todos?". Ariel quería que Ricardo llegara a la conclusión por sí mismo.

"Bueno", Ricardo pensó, "cada día estamos pensando en cientos de cosas y nunca vemos evidencia del efecto que ellas tienen en nada".

"Pero sí lo tienen, en verdad lo tienen".

CAPÍTULO OCHO ~ LA DIFERENCIA

Ricardo pensó en silencio por un rato. Finalmente dijo: "Supongo que nuestras circunstancias parecen al azar porque nunca mantenemos un solo pensamiento lo suficiente como para verlo acontecer. Nosotros mismos nos espantamos. Creemos, luego dudamos, creemos, dudamos, ¿verdad?".

Ariel respondió: "Efectivamente, así es. Como un baile cósmico...todo lo que necesitamos está alrededor de nosotros. Hay lo suficiente para todos, y si algo se llegara a terminar, más sería creado. A medida que creemos que viene a nosotros, así es. Cuando creemos que hay escasez, se aleja. El baile: un paso adelante, se acerca a nosotros. Un paso atrás, y se aleja".

"Entonces...la incredulidad es la norma porque todo esto pasa de manera invisible. Nunca vemos el baile, y por eso no tenemos idea de que estamos teniendo efecto alguno".

Ricardo se sintió vigorizado. Este conocimiento le estaba dando una confianza que nunca había tenido antes.

Ariel podía ver las luces que se encendían en los ojos de Ricardo y sonrió. "Piensa de esta manera: una semilla de un árbol que es plantada en la tierra, no tiene que andar arrastrándose buscando partículas de corteza o moléculas de hojas, ¿verdad? ¿Acaso se preocupa de que no pueda encontrar lo que necesita?".

EL FACTOR LIEBRE/HOUSEHOLDER

Ricardo se rió, "Por supuesto que no".

"Tienes razón. Podemos aprender mucho de Dios a través de sus creaciones en la naturaleza. No, la semilla ni siquiera tiene que mirar muy lejos. Permanece ahí, tranquila, y todo lo que necesita se acerca a ella naturalmente. En las palabras de Dios, 'Estad quietos y conoced que yo soy Dios'".

Ricardo agregó algo que había aprendido en su niñez: "Considera los lirios del campo, cómo crecen... no trabajan...pero ni aun un rey... se vistió así como uno de ellos".

Ariel sonrió.

"Lo destrocé, ¿verdad? No recuerdo exactamente cómo va".

"No importa, tienes la idea". Continuó, "Si pensamos en nuestra idea como una semilla y la plantamos en nuestra mente y la cuidamos con creencia y gratitud, entonces todo lo que necesitamos para que se logre la idea, se acerca a nosotros de una manera tan natural como los elementos a los lirios".

"¡Eso tiene tanto sentido!".

"Me encanta ver a las personas que al final lo entienden. Antes trataba de decirle a todo el mundo en el sendero qué sencillo era el tener todo lo que necesitamos. Pero siempre me veían con sospecha y hablaban de una manera ilógica".

CAPÍTULO OCHO ~ LA DIFERENCIA

"¿Qué quieres decir?", Ricardo preguntó con curiosidad.

"Oh, pues les digo que si pudieran atrapar una liebre, podrían irse con sus familias. Me responden que si tuvieran una, lo harían, pero que como no tienen una, están atrapados en el sendero. Les digo que yo les puedo enseñar a atrapar una liebre si ellos quieren aprender cómo hacerlo, y me dicen que ellos conocen a alguien que intentó hacerlo y no tuvo éxito. Les digo que hay una mejor manera de hacerlo, y dicen que ya lo han escuchado todo. Me cansé de tratar de convencerlos. Qué irónico, ¿no?".

"Hmm...supongo que alguien primero tiene que desearlo sinceramente antes de que la respuesta les haga algún bien, ¿no?".

"Eso es lo que yo he aprendido. Por lo general me detengo inmediatamente si me dan alguna excusa dos o tres veces seguidas. No hay por qué desperdiciar las respuestas con alguien que no está haciendo las preguntas. Es como si uno fuera un empleado en una tienda que quiere pasar las llaves para que usen el baño a todas las personas que entran y les dice: 'e y, el baño está después del segundo pasillo y luego da una vuelta a la izquierda. Lo vas a ver al final. Ten, aquí está la llave, ¡tómala! ¿Cómo que no la necesitas? ¡¿Por qué no quieres usar el baño?!'". Ariel extendió la mano como si tuviera unas llaves y las estuviera sacudiendo enfrente de la cara de Ricardo.

Ariel continuó: "He aprendido que es cuestión de tiempo. Sencillamente, la información no es útil para todos. Algunos vienen a comprar un refresco, otros un periódico y sin la intención de usar el baño. De hecho, cuando alguien viene y quiere las llaves del baño, ¡ni siquiera los tienes que *convencer* de que acepten las llaves! Después de todo, sólo un pequeño número de personas está buscando lo que tú tienes. ¿Y sabes qué? Está bien".

Pensando en las huestes de personas que llenaban el camino, Ricardo sugirió: "Supongo que hay más del tres por ciento que quieren una liebre, ¿no?".

"Sí, pero no hay tantos que piensan que tienen que cambiar la manera en que piensan antes de atrapar una. Muchos de ellos *desean* una liebre, y esperan que algún día una venga por pura suerte". Ariel sonrió y, de repente, tuvo una idea. "Sígueme, te quiero mostrar algo".

Ricardo y Ariel se apuraron para alcanzar unas cuantas personas que estaban caminando con algunas liebres en sus manos. El hombre habló con algunos de ellos en secreto por algún momento y uno de ellos se echó a reír. Cada uno de ellos sonrió y luego todos asintieron con la cabeza. Ariel se dirigió a Ricardo y le dijo: "Quiero presentarte a algunos de mis amigos: Julio Juntaliebres, Simón

CAPÍTULO OCHO ~ LA DIFERENCIA

Sipuedo y Carlos Cargamás. Muchachos, les presento a Ricardo Buenhombre. Ahora, hagamos un pequeño viajecito de regreso al sendero. Tienes que ver esto".

De regreso al viejo sendero, Ricardo volteó para mirar a los tres extraños, curioso de ver lo que iba a pasar.

Yo sé que los pensamientos llenos de pasión emanarán de mi mente como ondas de radio provocando que cosas que no se ven, sucedan para mi beneficio.

Sé que no hay obstáculo tan grande que no haya un camino preparado para mi éxito.

Sé que tengo todo lo que necesito para empezar, y eso es todo lo que importa.

Lo escribiré. Entregaré mi meta al Chef Principal.

~ CAPÍTULO NUEVE ~
LA LOTERÍA

Ariel Yaseva se volteó hacia Ricardo y dijo: "¿Quieres ver por qué nuestra manera de pensar tiene todo que ver con el grado de éxito que disfrutamos?".

Intrigado, Ricardo echó un vistazo a los otros tres que estaban parados cerca de él, sonriendo. Era obvio que estaban ansiosos de ver la reacción de Ricardo.

Sin decir otra palabra, Ariel reunió las liebres de todos en el grupo y las sujetó firmemente en sus manos. Tenía cinco liebres. Los otros participantes en esta confabulación se sentaron cómodamente en el suelo de frente al camino. Si hubiera habido sillas como en un estadio, Ricardo estaba seguro que estarían sentados en la primera fila con sus refrescos y con comida. Con algo de incertidumbre, Ricardo se sentó junto a ellos.

Ariel le preguntó a Ricardo: "¿A cuál de esas personas crees tú que le gustaría tener una liebre?".

Ricardo abrió los ojos sorprendido, "¿¡Qué!? ¿¡Qué es lo que vas a hacer?!".

"Sólo escoge a alguien".

EL FACTOR LIEBRE/HOUSEHOLDER

"Bueno, ¿qué tal aquel tipo?". Ricardo señaló a un tipo de pinta normal, que llevaba unos pantalones de color caqui, una camisa estilo polo y un andar que parecía decir 'soy lo mejor del mundo'.

"Muy bien. Ahora, observa esto...". Ariel tomó las liebres, se alejó de sus amigos y se paró en el camino directamente enfrente del hombre con pantalones de color caqui. "Disculpe, ¿me da un minuto? Tengo algo que darle".

"Quítate de mi camino, inútil". El hombre con los pantalones de color caqui lo empujó a un lado y siguió caminando.

Volteándose para ver a Ricardo, Ariel le gritó: "¡Escoge a alguien más!".

Ricardo señaló a un hombre delgado en traje y lentes.

Ariel se colocó en frente del delgado hombre. "Disculpe señor, tengo algo que darle".

El hombre se detuvo y miró al hombre con las liebres con sospecha y dijo: "¿Qué?". No había ningún efecto de modulación en su voz.

"Usted es el afortunado ganador de cinco liebres".

"¿Cuánto me va a costar?". La voz del hombre delgado permaneció monótona y algo irritable.

CAPÍTULO NUEVE ~ LA LOTERÍA

"Nada en absoluto. No hay ningún tipo de trampa. Solamente estoy haciendo un experimento".

"No gracias". El hombre delgado levantó sus manos y se alejó apresuradamente.

Ariel miró a sus amigos que estaban sentados en el suelo, como si les estuviera preguntando qué debía hacer ahora.

Ricardo no sabía qué decir y solamente hizo un gesto como queriendo decir "Tú escoge".

Así que Ariel se paró en el camino y gritó: "¡Liebres gratis, cinco fabulosas liebres gratis!". Pero la gente solamente lo veía como si estuviera loco y seguían de largo.

Finalmente gritó: "El premio mayor de hoy es ¡CINCO FABULOSAS LIEBRES! ¿Quién tiene el boleto de lotería?".

Al decir eso, varios individuos empezaron a buscar frenéticamente en sus bolsillos y se le acercaron, sacudiendo entre sus dedos un boleto y hablando entusiasmadamente.

Ariel se volteó a ver sus compañeros que se estaban muriendo de la risa. Ricardo estaba sorprendido.

Ariel escogió uno de los boletos al azar y dijo "¡Usted ha sido el afortunado ganador!" e inmediatamente se dispuso a entregar las cinco liebres en las manos del emocionado ganador.

EL FACTOR LIEBRE/HOUSEHOLDER

De una manera torpe, el ganador tomó las liebres jadeando de la emoción. Los otros en el camino que estaban cerca tuvieron emociones mixtas. Algunos lo animaban y le ofrecían ayuda declarando su amistad eterna, mientras que otros maldecían y se alejaban irritados.

Regresando a sus amigos con las manos vacías, Ariel se detuvo y se acomodó para seguir observando la escena, obviamente, su experimento no había terminado. Ricardo estaba sorprendido que estas personas con liebres hubieran sacrificado algo tan valioso tan sólo por el beneficio de una enseñanza.

Envuelto en una nube de polvo, el ganador estaba rodeado de una gran cantidad de gente que se había reunido. Todo parecía una gran conmoción y había hasta flashes de las cámaras de los reporteros que se habían acercado a la escena para poder tener algo para publicar en la página principal del periódico matutino.

De pronto, por entre los pies de todos los presentes, salió una de las liebres que se había escapado. Se alejó saltando hacia el pasto y se aproximó a Colin y se detuvo directamente enfrente de él. Colin extendió la mano y agarró a la liebre, mientras que sus amigos lo felicitaban.

Una por una las liebres regresaron y Ricardo estaba sin palabras. Una vez que todas las liebres regresaron, Ricardo miró hacia el camino y vio que

CAPÍTULO NUEVE ~ LA LOTERÍA

la multitud se había dispersado. El único que permaneció ahí, era el 'ganador' triste con las manos vacías y buscando una bolsa de papel marrón. Era deprimente solo el verlo. A Ricardo no le gustaba como eso lo hacía sentir. Presintiendo la preocupación de Ricardo, Ariel asintió: "Entiendo cómo te sientes. Créeme, esta es la parte más frustrante de tener un conocimiento intensificado de las leyes. Duele ver qué tan ciegos otros pueden ser, especialmente cuando no tiene que ser de esa manera. Ese hombre puede tener todas las liebres que quisiera, pero tiene que cambiar la manera en que piensa. Algunas personas tienen que llegar hasta lo más bajo antes de que sean lo suficientemente humildes para empezar a hacer las preguntas correctas".

"¿No sería más fácil enseñarles cómo pensar, ayudarles a tener éxito?".

"Créeme, lo he intentado con más de un recolector de bolsas de papel y aún unos cuantos dueños de liebres que encontraron la suya de una manera no muy correcta. Pero la mayoría de las personas no están interesadas en lo que tengo que decir, y los que *están* interesados tienden a no creerme. Solamente las personas que quieren el conocimiento desesperadamente me escuchan y aplican lo que enseño. Ellos tienen que querer el

conocimiento al menos de la misma manera en que quieren comida".
 Todo empezó a tener sentido ahora. "El sándwich. Tenías que saber qué tanto quería este conocimiento, ¿verdad? Tal vez ni siquiera tenías mucha hambre, ¿no es cierto?".
 "Bueno, sí tenía hambre. Pero tienes razón. Tenía que saber si iba a desperdiciar mi tiempo o no, y si ibas a desperdiciar *tu propio* tiempo o no. Sin un sacrificio considerable, la gente parece no querer dar seguimiento. Es por eso que empecé a pedir sándwiches. Algunos lo veían como codicia, pero en realidad les estoy haciendo un favor". Los tres amigos se levantaron y Ariel estrechó sus manos y les dijo, "Gracias por su ayuda".
 Cada uno sonrió y dijo, "Un placer", o "No hay de qué".
 Ricardo habló lentamente, como si hablase para sí mismo, "¿Codicioso? ¿Codicioso por pedir un sándwich a cambio de ayudar a cambiar la vida de alguien?". Ricardo no estaba seguro de *qué* pensaba al respecto.
 Ariel, habiendo escuchado a Ricardo, dijo: "Es como si tuviera toda esta agua, fertilizante y luz que gustosamente puedo poner en la tierra. Pero si ellos son tan duros, que ni siquiera pueden abrir el puño para poner la semilla que tienen en la tierra, todo lo que tengo para ofrecerles no sirve para nada".

CAPÍTULO NUEVE ~ LA LOTERÍA

"Creo que he escuchado algo como eso antes: Lo que arrojas, se te regresa...o lo que siembras, eso cosechas...¿de eso se trata todo esto?".

"Así es, pero tienes que tener cuidado con ese cliché. Mucha gente trata de aplicar ese principio inapropiadamente y el dinero *nunca* viene a ellos. Luego se preguntan por qué no funcionó y pierden fe en la promesa. Hay una línea muy tenue entre un sacrificio o una inversión y el azar. Asegúrate de que sepas la diferencia".

"Entonces, supongo que una inversión en conocimiento que me da fuerza o poder es una verdadera inversión, ¿mientras que un boleto de lotería es un azar?".

"Correcto, esa es una de las distinciones más obvias...sin embargo, hay otras formas menos obvias de apostar".

Ricardo se echó hacia atrás, se apoyó sobre sus codos y esperó por la explicación.

Ariel continuó: "¿Alguna vez has hecho un sacrificio enorme por un tipo de aventura financiera basado solamente en la recomendación de alguien más, o de un anuncio, o de un pariente o amigo bien intencionado?".

"¡Que si lo he hecho! ¡Más de lo que me gustaría admitir!". Ricardo echó la cabeza hacia atrás y sonrió.

"¿Por qué cosa te estabas sacrificando?".

"¿Qué quieres decir?".

EL FACTOR LIEBRE/HOUSEHOLDER

"Lo que quiero decir es, ¿por qué hiciste el sacrificio?¿Qué esperabas sacar de provecho?¿Qué cosas específicas ibas *a hacer* con las ganancias?¿Cómo te ibas a *sentir* al disfrutar esos beneficios? ¿Cuánto tiempo crees que se iba a demorar antes de que pudieses *cosechar* los beneficios?". Ariel se había inclinado hacia Ricardo y le estaba hacienda pregunta tras pregunta, en un obvio tono de acusación. Él sabía que Ricardo no había tomado el tiempo necesario para pensar estos detalles antes de hacer la dichosa inversión.

Ricardo se sintió acorralado. Con algo de vergüenza respondió: "La verdad es que no pensé mucho al respecto en esas cosas. Simplemente confié en que las personas sabían de lo que estaban hablando y que cada una de las operaciones me prometía hacer una buena cantidad de dinero. Sinceramente, ¡sus ideas tenían mucho sentido!".

"Eso, querido amigo, fue apostar. No dudo que las personas probablemente sabían qué estaban haciendo. Sospecho que tenían las respuestas a esas mismas preguntas bien claras en sus mentes, y que probablemente *hicieron* un montón de dinero. Pero tú eres el que no vio su propia liebre y tú eres el tonto que saltó, ladró y persiguió nada, excepto el aire".

Ricardo suspiró. Estar consciente de eso lo deprimía en realidad. Tratando de desviar el enfoque tan incómodo de sus tonterías pasadas,

CAPÍTULO NUEVE ~ LA LOTERÍA

cambió el tema de regreso a su más reciente e *inteligente* inversión. "Bueno, en caso de que estés preocupado por el asunto del sándwich, no estoy molesto al respecto. Lo haría de nuevo si tuviera que hacerlo. ¡Me has enseñado a pescar! Y no puedes ponerle un precio a eso. ¿La mitad de un sándwich? ¡Es una ganga!".

Ariel amablemente concedió la distracción. "Tienes razón; has cambiado mucho. Perdóname por los ataques a tus decisiones pasadas, tan sólo quería enfatizar la importancia de tener tus propios sueños y metas vívidamente definidos antes de empezar a tomar acción en una inversión u operación de negocios. Con tus sueños en un lugar seguro, vas a ser dirigido por un poder mayor hacia la dirección correcta para *ti*".

"E y, eso está bien conmigo. Tan sólo he experimentado un poco de dolor al crecer para encarar el hecho de que no he sido bastante inteligente concerniente a todas esas cosas".

"Pero ya estás en el camino, y eso es lo que importa".

"Estoy en camino, es verdad". Ricardo se levantó y extendió su mano. "Bueno, pues estoy muy agradecido y estoy ansioso por empezar...".

"Recuerda: Cualquier cosa que necesites para alcanzar tu meta será atraída a ti una vez que hayas plantado la semilla en tu mente. Plántala, emociónate al respecto, se agradecido, y DEBES

EL FACTOR LIEBRE/HOUSEHOLDER

SABER que todas las cosas que necesitarás se están literalmente acercando a ti. De la misma manera que los elementos se aproximan a la semilla del árbol". Sonrió y dijo: "Ahora mi buen amigo, ha sido un placer conocerte y te deseo lo mejor. Ahora yo voy a hacer realidad mi propio sueño: mi familia me espera en este momento". Con una sonrisa saludó a Ricardo y levantó la liebre en señal de despedida.

Ricardo sonrió y le devolvió el saludo. "Gracias, y ¡que Dios te bendiga!".

Sé que todo aquello que necesite para alcanzar mi meta será atraído a mí una vez que yo haya plantado la semilla en mi mente.

~ CAPÍTULO DIEZ ~
LA PRESA

Ricardo no se podía quitar la enorme sonrisa que estaba en su rostro. Él sabía, *lo sabía*, que estaba bajo su control el alcanzar la meta. Su éxito no dependería más en que alguna liebre se llegara a cruzar en su camino. No necesitaba *esperanzarse* en que si las circunstancias estarían en su favor o no. No tenía que preocuparse si sería suficientemente rápido o suficientemente listo o mejor que otra persona. El éxito estaba por completo bajo su control. No era necesario competir porque las liebres abundaban para todos. Y si las liebres alguna vez se acababan, más serían creadas. Dios ha proveído y continuará proveyendo en abundancia para todos los que crean en la abundancia.

De hecho, le estaba dando hambre, así que regresó momentáneamente al camino para tomar otra bolsa con un sándwich y se dio cuenta, con gratitud, que Dios provee una abundancia de bolsas de papel en el camino. Dedujo que si cada persona sin una bolsa, de veras creía que encontraría una y, si literalmente *no* había suficiente para todos, más serían creadas por las leyes de Dios.

EL FACTOR LIEBRE/HOUSEHOLDER

El creer en la abundancia le permitía a Ricardo el siempre ver más. Recordó al competidor rubio y deseó que pudiera haberle dado una ración de creencia *a él*, ya que un acto de consciente credibilidad hubiera abierto sus ojos a lo que ha estado a su alrededor todo este tiempo.

Ricardo soltó una sonora risa y exclamó: "¡Pienso que creo en la abundancia! ¡No hay tal cosa como escasez! ¡Solamente hay abundancia!".

Estaba vigorizado. Se había sentido sin esperanza por tanto tiempo, que el tener esta nueva conciencia le provocaba ponerse de rodillas con los brazos extendidos y su rostro al cielo, rebosante de gratitud porque sabía cómo proveer para su familia, sin importar las circunstancias. Se dio cuenta que *no importa cuáles sean las circunstancias, yo siempre puedo escoger mis pensamientos*. Estas nuevas ideas eran completamente sorprendentes para él. Se sentó y tomó un momento para disfrutar el sándwich de mordida a mordida.

Mientras todavía estaba de rodillas, su corazón se ensanchó con un sentimiento de gratitud y visualizó con los ojos cerrados la liebre que esperaba atrapar. *Querido Dios, ¿me permitirás tener una liebre?* Esta vez hizo un esfuerzo extra para agregar detalles en su mente. Hizo la liebre bien definida, y era hermosa, con largas y graciosas orejas, y piel tan suave. Podía ver cada detalle de la criatura, incluyendo los pequeños manchones en la

CAPÍTULO DIEZ ~ LA PRESA

punta de las orejas y la robusta espalda que bajaba hasta llegar a la esponjosa blanca cola. Finalmente expresó gratitud como si ya fuera suya. "¡Gracias por la hermosa liebre que ahora tengo!".

Abrió sus ojos lentamente, pero no había nada. *No funcionó. Hice lo que dijo y no hay una liebre aquí.* Ricardo sintió una punzada de decepción pero conscientemente aplicó las leyes apropiadas del pensamiento que acababa de aprender. Cerró los ojos de nuevo y pensó *ya es mío y sé que como escojo creer, se está aproximando. Dios ayúdame a saber qué hacer y adónde ir para poder hacer mí parte.*

Ricardo abrió sus ojos y todavía no veía una liebre, pero de cualquier manera sonrió, porque sabía que era sólo cuestión de tiempo, con tal de que siguiera creyendo.

Está bien, Dios, dime qué hacer. Estoy listo para seguir tus instrucciones. Ricardo verdaderamente esperó escuchar algo, quizás una voz de trueno de las nubes, o un susurro angélico espiritual en su oído, pero no escuchó nada. Tal vez la inspiración vendría como palabras en su mente. Pero como no percibió ninguna comunicación de Dios, decidió levantarse y comenzar a caminar. Después de todo, sabía por experiencia, que no se puede maniobrar un auto estacionado.

Al caminar un pensamiento vino a él, que su idea de empezar a caminar bien podría ser la

EL FACTOR LIEBRE/HOUSEHOLDER

inspiración que estaba buscando. Era algo raro porque estaba esperando algo mucho más dramático para llamar su atención. Pero decidió confiar en la guía apenas perceptible. Le dio a Dios el crédito por sacarlo del hoyo en que estaba. Sencillamente sintió que era lo que debía hacer y, ahora que ya había empezado a moverse, confiaba en que Dios lo guiaría. Su trabajo era moverse, el de Dios era guiarlo.

Ahora que empezaba a caminar, el pasto parecía bastante largo y tenía que empujarlo con el pie cada vez que quería avanzar. Sin que mucho tiempo pasara, al pisar otro manojo de pasto vio, delante de él, la más hermosa liebre que jamás hubiera visto. Tal como se la había imaginado, las largas orejas tenían gracia y tenía la más hermosa piel gris café que había visto. Notó que el color de adentro de las orejas era suave y blanco. Una pelusa blanca cubría los bordes y brillaban con el refulgente sol. La liebre respiraba lentamente. No había seña de que estaba cansada. Ricardo siguió con la mirada la joroba de la espalda y cómo esta bajaba hasta llegar a una hermosa cola blanca. La miró a los ojos y ella sostuvo la mirada de Ricardo. Era como si lo estuviera desafiando a tener éxito. Qué misterioso le parecía que acababa de salir del hoyo en que se escondía, a unos cuantos centímetros de distancia.

CAPÍTULO DIEZ ~ LA PRESA

Sorprendido, Ricardo no contuvo su entusiasmo y saltó hacia adelante, espantando a la liebre. ¿Acaso vio decepción en la mirada de la liebre? Era como si la liebre le estuviera diciendo: "¿Quieres que esto sea más difícil de lo que es? Muy bien, entonces lo haré más difícil...".

Salió como disparada alejándose de Ricardo y él se echó tras ella. Se abalanzó sobre ella y alcanzó a tomarla de una pata, pero estaba forcejeando tanto que se le escapó. Todavía en el piso, trató de atraparla de nuevo, pero era veloz y se le fue de nuevo. La liebre no parecía desesperada, era más como si lo estuviera vacilando. Por un momento Ricardo tuvo un pensamiento fugaz de que no era digno de esta liebre, pero no podía darse por vencido en este momento. Saltó y saltó, persiguiéndola hasta que la tuvo por las orejas.

Jadeando, se paró y volteó al escuchar un parloteo lejano. Vio a una mujer cerca del camino, o más bien con un pie adentro y otro afuera, susurrando al niño en su regazo que el hombre parecía loco y que era mejor apurarse.

Ricardo sonrió al darse cuenta de que la mujer no pudo darse cuenta del objeto de su persecución y alzó la liebre para mostrarle la razón de su locura.

Sacudiendo su cabeza y, en señal de desaprobación, dijo "Presumido" mientras regresaba al camino.

EL FACTOR LIEBRE/HOUSEHOLDER

Ricardo se sintió triste. También sintió que le faltaba el aire. *¡Esa fue una buena sesión de ejercicio! No hubiera podido hacer eso por mucho más tiempo. ¡Pero al menos la atrapé! ¡La atrapé! ¡Felicidad, voy de regreso a casa!*

~~~~~~

En la arboleda, la serpiente avistó una ardilla. Calladamente salió del bolsillo de Ricardo y se enredó en el tronco del árbol, subiendo lentamente en persecución de la ardilla.

Cualquiera que sean mis circunstancias, yo puedo y siempre escogeré mis pensamientos.

~ CAPÍTULO ONCE ~
LA ELECCIÓN

El oficial interrogando a Felicidad no iba a perder más tiempo. Si ella tenía algo que decir, no lo iba a hacer en los próximos diez minutos; se estaba aburriendo. Finalmente, con voz tranquila dijo: "Señora, me voy a retirar. Piense en lo que he dicho, y esperemos que él regrese...por su propio bien y el suyo".

En ese preciso instante su radio se activó con un mensaje en clave. "Oh, ya ve, me tengo que ir, pero por favor háganos saber si decide hablar de nuevo, ¿está bien?". Y con eso, recogió sus artículos rápidamente y los puso en un maletín. Pudo haber dicho, "Señora, usted está loca" y no hubiera sido más claro que la actitud condescendiente que su expresión corporal comunicaba.

La preocupación en los ojos de Felicidad se profundizó, y el sentimiento de desesperación llenaba cada parte de ella. La silla de aluminio ralló el piso sintético al ser movida por el oficial que se levantaba. De manera automática el oficial se llevó la mano al sombrero en una seña de cortesía para despedirse, señaló a su compañero que lo acompañara, empujó la puerta tan fuerte que golpeó la pared y se esfumaron.

Felicidad estaba perpleja. "No van a hacer nada. Ellos piensan que *yo* he hecho algo...". Su ansiedad de repente alcanzó un punto máximo y gritó enojada: "¡¡¡Él podría estar muerto EN ESTE INSTANTE y ellos no van a hacer NADA al respecto!!!". Le dio una patada a la silla que todavía estaba en el piso y con un tremendo ruido golpeó la pared.

Mateo salió de su cuarto frotándose los ojos dormilones. "Mami, ¿qué fue eso?". Se detuvo y vio a su madre. Se metió de inmediato en su cuarto al ver que su madre estaba teñida de negro alrededor de sus ojos, tenía algo blanco en su boca, cabello pegado a su frente, y unas mechas pegadas a sus mejillas.

Sin saber qué pensar, su rostro empezó a hacer un puchero y sus ojos se pusieron vidriosos, como si fuera a llorar. Felicidad se dio cuenta de que iba a llorar y le extendió los brazos y él, titubeando, se acercó a ella. Abrazó al pequeño niño y se deshizo. "Mi amor, lo siento mucho. Le di una patada a la silla sin querer, no fue mi intención despertarte". Felicidad forzó las palabras porque ella se había convencido que algo estaba mal, y no podía consolar a su hijo como ella hubiera querido. Lo que *ella* necesitaba era alguien que la abrazara y le ofreciera *a ella* palabras de consuelo.

CAPÍTULO ONCE ~ LA ELECCIÓN

Pero nadie lo haría. Nadie podría. Nadie sabía.

"Quiero ver a papá ahora", exclamó Mateo.

"Pero, cariño, todavía no está en casa".

"¿Por qué?".

Felicidad abrió su boca para responder, pero no pudo pensar en qué decir.

"¿Qué pasa mamá? Estoy asustado".

Mirando en la preocupada cara de Mateo, se rindió. Ella sabía, muy adentro, que todo lo que se había imaginado no tenía fundamento y no era justo que su pequeño hijo sufriera este viaje imaginario de pánico. Parte de ella todavía estaba preocupada, pero se forzó a tener esperanza. No era la forma natural de pensar. No era la manera fácil de pensar. Pero *tenía* que imaginar que Ricardo estaba bien y que ellos lo verían de nuevo. Miró a sus manos y se dio cuenta que sus propios pensamientos, su propia imaginación, habían causado que estuvieran humedecidas. Miró a través de la puerta en el espejo de su recámara y vio su rostro, su maquillaje corrido y sus mejillas sucias. Finalmente vio el azúcar en su boca y la mancha de galletas en su blusa. Parecía una demente. Con razón los oficiales la trataron de la manera en que lo habían hecho.

Miró de nuevo a Mateo y con una nueva resolución, se arrodilló ante Mateo, miró en sus ojos rojos y le dijo tiernamente: "Mateo, todo está bien.

EL FACTOR LIEBRE/HOUSEHOLDER

Papi está bien", la voz de Felicidad tartamudeaba, "Y vamos a ir a verlo. ¿Lo entiendes?".

El rostro de Mateo se suavizó y dijo "Está bien". Abrazó a su madre y lloró suavemente.

"Vamos. Lo encontraremos antes de que se haga de noche".

Felicidad dio un respiro profundo y se dirigió al baño para limpiar su blusa y lavar su cara. Secó su rostro con una toalla y la guardó cuidadosamente. Después, se dispuso a levantar la silla y colocarla donde debía estar, tocándola suavemente y sintiendo más control. Felicidad notó que se sentía mejor. En verdad no se sentía preocupada, sobre todo al oír su propia voz hablar palabras de fe. *¿Y qué tal si estás equivocada?* Una voz en su interior le susurró. Se dijo a sí misma: "Cuando tengo una opción, *escojo creer*". El simplemente creer no le haría más daño del que ya había hecho, preocupando a Mateo en el proceso.

¿Y qué si estaba equivocada? Entonces cruzaría ese punto cuando llegara a él. Todo lo que ahora tenía era el ahora y lo que se permitiría hacer, era el creer.

Cuando tengo una opción, escojo creer.

~ CAPÍTULO DOCE ~
VIOLACIONES

Ricardo iba en camino también. Había dejado el camino, y tenía una liebre. Mirando a la gente en el camino, sintió una urgencia de ayudarlos a aprender lo que había aprendido. ¡Tenía una liebre! Si él tenía una liebre, entonces cualquiera podía tener una liebre. No se podía contener de la emoción: les quería mostrar qué podría ser suyo. Levantó su liebre y la sacudió en el aire, para ver si alguien se detenía para hablar con él. ¿No vendría alguien a preguntarle cómo hacerlo? Les estaba mostrando que él sabía cómo hacerlo. ¿Por qué no querían saber por ellos mismos?

Pero muy dentro de sí, él sabía lo que se estaban diciendo el uno al otro. *"Mira a ese tipo, mostrándonos que él es mejor que nosotros".* O tal vez, *"Oh, mira a ese pobre hombre, va a perder su alma por unas cuantas liebres".*

También estaba consciente de las vocecitas en sus propias cabezas, *"Sí, una liebre sería buena. Tal vez algún día una liebre caerá en mi camino, directamente enfrente de mí también".* Oh quizás *"Lo sabía, debí de haber ido a la escuela para

EL FACTOR LIEBRE/HOUSEHOLDER

aprender anatomía de liebres para atrapar liebres como él".

También sabía que había personas que estaban muy cerca de separarse del camino pero que estaban paralizadas por los mismos miedos que él había experimentado: miedo de los riesgos, miedo a las preguntas, miedo a la abundancia, miedo al éxito. *"¿Y qué tal si me pierdo sin un camino?¿Qué tal si no sé cómo cuidar una liebre?¿Qué tal si atrapo una y se me escapa y no puedo encontrar otra bolsa de papel?¿Qué tal si atrapo una que me quita mi comida y luego huye?¿Y si la gente se ríe de mí?¿Qué si fracaso?".*

Echando un vistazo más a la gente, Ricardo tuvo simplemente que continuar. Se estaba abriendo camino, trazando su propio sendero. Miró hacia adelante, hacia el prado que había entre el camino y la arboleda y apresuró el paso.

Le pareció que había viajado por horas, casi volviendo sobre sus pasos. Esta vez quería caminar en la parte menos transitada del camino. En el transcurso del camino, se llegó a encontrar con muchos hombres y mujeres con una liebre en sus manos. De hecho, nunca se había dado cuenta del número crecido de personas que habían encontrado el secreto, pero ahora que él sabía, los veía por todos lados. Con una conciencia intensificada, se dio cuenta de que ellos habían estado ahí todo el tiempo.

CAPÍTULO DOCE ~ VIOLACIONES

Miró atentamente con admiración a aquellos que parecían estar caminando a casa, tan felizmente y con éxito. Pero sus buenas emociones fueron interrumpidas por dos hombres que parecían haber salido de la nada y estaban susurrando tajantemente el uno con el otro. Ricardo volteó a ver quiénes eran y vio que los dos hombres se estaban jaloneando la ropa, gruñendo palabras que Ricardo no podía descifrar.

Finalmente uno de los hombres soltó a su compañero y se agachó en la maleza lo más que pudo, a gritos trató de adelantarse al otro hombre que también quería atrapar una liebre.

Separándose, intentaron rodear la criatura y el más rápido saltó adelante utilizando todo su cuerpo en el ataque tratando de atrapar a la liebre de una vez por todas. El otro hombre, que llevaba un chamarra camuflada, saltó encima del primero, y el griterío comenzó. Ricardo no supo qué pasó con la liebre, pero escuchó el forcejeo y los miró pelearse con fiereza para ganar el premio. De pronto, escuchó un golpe seco y un gemido y el segundo hombre en la chamarra se paró triunfante con la liebre en su mano. Dándole un puntapié al hombre en el suelo, se alejó cojeando y mirando a su codiciado premio.

Ricardo se apresuró para ayudar a levantarse al hombre caído. El hombre yacía en el piso gimiendo, pero cuando le dio con enojo un

puñetazo al suelo, Ricardo pudo ver que lo único herido en ese hombre era el orgullo.
"Estoy bien, estoy bien".
"¿Estás seguro?¿Quién era ese tipo?", preguntó Ricardo con una preocupación genuina.
"Oh, ese es mi mejor amigo, o más bien, debería decir, mi ex-mejor amigo. Un truhán de primera". El hombre se sacudió la ropa y se levantó. "Él y yo decidimos atrapar una liebre juntos...estábamos cansados de siempre andar buscando bolsas de papel y decidimos hacerla en grande cazando juntos. Finalmente encontramos una, y cuando se puso medio molesto me di cuenta que no estaba planeando en compartir el premio. Usted vio el resto".
Ricardo le ayudó a sacudirse el resto de la hierba que tenía en su ropa. De manera casual el hombre extendió su mano y le dijo "Gracias por su ayuda...".
"Ricardo, mi nombre es Ricardo Buenhombre".
"Merindo. Gabino Merindo. Gracias de nuevo por su ayuda", respondió el hombre y se alejó cojeando.
"¿Merindo? No lo puedo creer". Ricardo se sonrió al pensar en la cantidad de personajes que había conocido en su jornada. En cada esquina se presentaba con personas intrigantes, confundidas, iluminadas y sorprendentes.

CAPÍTULO DOCE ~ VIOLACIONES

Ricardo miró a unas de las cuantas personas que llevaban una liebre y la evidencia de su 'éxito' mientras caminaban y se preguntó cuántas de ellas habían capturado sus liebres viviendo en armonía con las leyes naturales de Dios del pensamiento y cuántas competían por ellas. *Creo que prefiero hacer esto a la manera de Dios. De por sí es bastante difícil atrapar una de esas criaturas sin tener a otro tipo golpeándote mientras estás en el piso".*

A medida que Ricardo continuaba reflexionando, una pregunta más permanecía sin contestar. ¿Cómo era posible que algunas personas pudieran tener una o dos o tres o hasta seis liebres de las orejas? El sabía lo difícil que había sido atrapar una, y sin competir por ella. ¿Cómo hacían algunas de estas personas para tener tantas en sus manos? Decenas de personas de todo tipo tenían multitud de liebres: personas bajas, gordas, delgadas, hombres, mujeres y hasta de vez en cuando un adolescente. Tal parecía que todo tipo de personas había aprendido a atrapar varias liebres. Antes había pensado que solamente los más ágiles y atléticos podrían haber tenido la capacidad de perseguir y forcejear con otra liebre cuando ya tenían una o más en sus manos.

Hizo contacto visual con uno de los más bajitos y gorditos. Su parecer era agradable, era un hombre entrando en los cuarenta años, con una

EL FACTOR LIEBRE/HOUSEHOLDER

gran panza y la chispa en sus ojos. Llevaba una camisa verde estilo polo que le quedaba algo ajustada y con un brillante cinto que desaparecía debajo de su gran estómago, ajustaba unos pantalones blancos. El hombre miró a la liebre de Ricardo y sonrió. Con un gesto de su cabeza, el hombre invitó a Ricardo a unirse con él por un rato.

Ricardo por supuesto no necesitaba más invitación. 'El estudiante estaba listo' y estaba ansioso por aprender lo que este hombre sabía. Este tipo obviamente no había forcejeado con las cuatro liebres que tenía. Eso hubiera sido físicamente imposible. Además, sus ropas no mostraban señas de polvo o de hierba como las tenía Ricardo en su propia ropa.

"Yo sé lo que estás pensando, porque yo era como tú hace no mucho tiempo", el hombre le dijo a Ricardo cuando llegó hasta él.

Ricardo miró de nuevo a la abundancia de liebres que este hombre tenía. "¿De veras?". Disfrutaba del aura mística que emanaba de estas personas que sabían tanto, y pensó que era interesante que mientras más aprendía, lo menos místico o misterioso que todo era.

Un pájaro pasó volando por encima de ellos y Ricardo alzó la mirada para verle. Le hizo considerar las leyes de aerodinámica y el miedo que habrían pasado los humanos al pensar en hacer uso de ellas antes de que fueran descubiertas.

CAPÍTULO DOCE ~ VIOLACIONES

Imaginen el pánico que sus antepasados hubieran sentido si ellos hubieran visto un avión volar sobre sus cabezas. ¡Qué místico hubiera sido eso para ellos!
    Al igual que las leyes de aerodinámica, se dio cuenta ahora que estas leyes del pensamiento siempre habían existido también. Pero antes de ahora, no las había entendido, o no sabía cómo usarlas para su beneficio. Recordó haber sido enseñado toda su vida a 'no dudar', 'no temer'...y por fin ahora estaba empezando a entender el porqué. *¡Simplemente no es bueno para mí! Las cosas que quiero y necesito son literalmente rechazadas cuando permito contemplar emociones negativas de duda y miedo.*
    Recordó varias ocasiones en las cuales se había permitido pensar en las cosas que *no* quería. *¿Qué tal si ese huracán en el horizonte va a destruir mi casa?* Tenía ocho años y recordó el hecho de estar visualizando la destrucción, sintiendo el horror como si ya hubiera pasado. Empezó a venir en su dirección y lleno de terror se dirigió hacia el sótano y cerró sus ojos y cubrió sus oídos y se forzó a sí mismo a visualizar la casa parada fuertemente y naturalmente en un clima tranquilo y asoleado. Después de todo, era el único pensamiento que le traía paz, el pretender que las cosas eran como él quería que fuesen. Quería escapar de la furia de la tormenta y la única manera en que podía hacer eso

era en su propia mente. Se desconectó por completo de todo lo demás para vivir en su fantasía...

...y la casa permaneció en pie.

Ricardo reflexionó en esa experiencia con asombro. ¿Acaso había él influido en los elementos de la naturaleza de alguna manera? No estaba seguro. Recordó otras experiencias cuando había imaginado algo y no se había hecho realidad, y dedujo que era probable porque no lo había deseado con tantas fuerzas, o por el tiempo suficiente, o por no haber creído ciegamente. O tal vez no eran deseos apropiados, y expresó gratitud a Dios, quien sabía qué era lo mejor para él.

Pero el proveer para su familia y estar con ellos solamente le traía pensamientos de paz. Para él, eso significaba que era una aspiración justa y que Dios le ayudaría a alcanzarla, siempre y cuando no violara las leyes del pensamiento.

Finalmente, el hombre bajito y gordo en la camisa verde interrumpió el tren de pensamiento de Ricardo. "De veras", dijo. "Yo sé qué estas pensando porque yo era como tú hace no mucho tiempo. Yo mismo solamente tenía una liebre y me había costado mucho el atraparla. Así que, ahora quieres saber cómo atrapar más de una liebre porque la primera fue algo difícil, ¿no es así?".

CAPÍTULO DOCE ~ VIOLACIONES

"¡Exacto!". De alguna manera Ricardo pudo saber que de alguna forma este hombre estaba viviendo en armonía con las leyes de Dios. Tal vez era un brillo, o energía que su subconsciente estaba captando. No podía entender cómo lo sentía, pero lo sabía. Era el mismo sentimiento que sentía cuando entraba a un cuarto y sabía inmediatamente que Felicidad estaba de buen humor, aún cuando ni siquiera había visto su rostro.

Los ojos del hombre brillaron, porque aquí había un hombre cuya mente estaba abierta y ansiosa de escuchar más. "¿Cómo te llamas?".

Ricardo respondió con su nombre completo: "Ricardo U. Buenhombre".

El hombre comentó: "Bien Ricardo, me imagino que has descubierto que el visualizar la liebre en detalle te la trajo".

"Así es", respondió Ricardo.

"¿Me creerías si te dijera que el resto de mis liebres básicamente inclinaron la cabeza para que yo las tomara de las orejas?".

"No. ¿Estás hablando en serio?". Y luego Ricardo recordó a los amigos y cómo las liebres habían regresado a ellos sin ningún esfuerzo.

"Estoy hablando en serio". La primera siempre es la más difícil. Déjame adivinar; la manera en que te la imaginaste fue algo incierta, ¿verdad? Y la liebre era algo difícil de ver una vez que ya la habías encontrado, ¿tengo razón?".

EL FACTOR LIEBRE/HOUSEHOLDER

Ricardo pensó por un momento y dijo, "Tienes razón. Tienes toda la razón. Tuve dificultad para verla en mi mente, y cuando apareció, también era difícil de ver y distante. De hecho, la primera no la pude atrapar. La próxima vez, visualicé cada detalle que me pudiera imaginar y apareció, tal y como la había visto en mi mente. Pero cuando me abalancé sobre ella, corrió y yo casi quedé exhausto al capturarla. Pero aun así la atrapé y aquí está". Ricardo alzó su preciado trofeo. "Iba en camino a casa para compartirla con mi familia".

El hombre sonrió. "El atrapar más liebres es súper sencillo si sabes qué hacer".

Ricardo sentía la urgencia de llegar a casa, pero escogió sacrificar un poco más de tiempo por lo que prometía ser una enseñanza que duraría toda la vida. Ricardo se sonrió, tenía que saber: "¿Acaso te llamas Entodo Estoy?".

"¿Qué?". El hombre miró a Ricardo como si estuviera loco.

"Oh, olvídalo. ¿Qué tengo que hacer?".

"Mi nombre es Junta Melostodos. Miró a Ricardo de nuevo y luego continuó, "Entonces, ¿qué tan urgentemente quieres saber lo que yo sé?". El hombre era franco y sin reservas.

Ricardo suspiró, sabiendo muy bien qué era lo que inevitablemente iba a pasar si de veras quería ganar un nivel de entendimiento mayor.

CAPÍTULO DOCE ~ VIOLACIONES

Pensó por un momento, y luego un aire de rebelión surgió de repente. Le respondió casi desafiante, "Señor Melostodos, no tengo más sándwiches".

El hombre encogió los hombros y le dio a Ricardo una mirada de lástima. "Lo siento por ti. Si no puedes encontrar los medios para hacer el sacrificio necesario, entonces debemos terminar nuestra conversación aquí mismo".

Ricardo se puso alerta, tratando de conversar con el hombre en un mismo nivel. "Espere un minuto...". Ricardo levantó su mano como para decir "Espere" y cerró los ojos. Tan pronto como pudo, creó una imagen de los dos hombres conversando, y tratando de sentir lo bien que se sentiría al saber que había aprendido el secreto.

Sabía que lo había logrado cuando su boca hizo una sonrisa automática. En el momento en que abrió los ojos le dijo al hombre lleno de confianza: "Voy a aprender lo que usted sabe".

"¿De veras?". El hombre se entretenía con el pequeño conocimiento de Ricardo y su comentario tan insolente. "¿Y qué te hace pensar que voy a compartir lo que yo sé?".

"Por que lo he visualizado y lo he sentido y por eso sé que lo hará".

"Tú me provees con algún tipo de compensación y yo te explico con precisión por qué esa conversación que tú visualizaste *no* pasará".

EL FACTOR LIEBRE/HOUSEHOLDER

Con esas palabras el señor Melostodos le guiñó el ojo y comenzó a alejarse.

¡No dudaré, no temeré! Simplemente no es bueno para mí.

Haré sacrificios por la sabiduría, y sé que seré bien recompensado.

~ CAPÍTULO TRECE ~
EL SACRIFICIO

Ricardo se quedó parado con la boca abierta. *¿Qué hice mal?* Su mente daba vueltas y se sentía tan tonto por haber sido tan atrevido y haber revelado al mismo tiempo su ignorancia.

No podía dejar que el señor Melostodos se alejara mucho. *¡Piensa rápido, Ricardo!...Piensa...¿cómo puedo hacer para que hable conmigo?*

En ese preciso instante, el conejo se movió en sus manos. Miró hacia abajo y sus ojos se abrieron grandemente. "Oh, no...él no espera que yo...no puede ser".

Ricardo miró al hombre, que se alejaba cada vez más. Al mismo instante, el hombre volteó para ver el rostro de Ricardo, pero sin detenerse. Parecía que le quería decir: "Vamos, ¿no te has dado cuenta todavía?".

Ricardo no podía creer lo que iba a hacer. Cerró sus ojos una vez más, como para protegerse del impacto de su decisión. Tomando una gran bocanada de aire, alzó la liebre por un momento y luego empezó a trotar en dirección del señor Melostodos.

De manera misericordiosa, el hombre se detuvo y esperó por él. A medida que Ricardo se aproximaba, comenzó a menear la cabeza repetidamente como para despejar el pensamiento de incredulidad porque iba a dar el botín más grande que había obtenido, tan sólo por conocimiento.

Cerrando sus ojos nuevamente, extendió su brazo para que el hombre tomara la liebre e hizo una mueca de dolor, anticipando el doloroso intercambio.

"¿Estás seguro que quieres hacer esto?", preguntó el señor Junta Melostodos

"¡Ya tómelo!¡Tómelo!". Los ojos de Ricardo permanecían cerrados.

El señor Junta Melostodos abrió cuidadosamente sus últimos dos dedos libres en su mano izquierda, en la cual ya tenía dos liebres más y los cerró para agarrar las orejas de la nueva liebre.

Ricardo finalmente abrió los ojos y miró con nostalgia a la liebre. Sintió un mareo, pero apretó sus labios fuertemente, inhaló por su nariz y dijo "¿Está bien?".

Asintiendo el hombre felicitó a Ricardo. "Eso requirió de mucho valor, mi amigo. Aplaudo tu visión. Vas a estar muy contento por lo que has hecho y, con ese tipo de valor, prontamente recuperarás tu inversión...ADEMÁS, tendrás el conocimiento que buscas".

CAPÍTULO TRECE ~ EL SACRIFICIO

"Yo sé que sí. No espero menos". Ricardo se enderezó, al sentir una creciente confianza en su interior por la decisión que había tomado.
"¿Qué tan rápido esperas ganar tu liebre de nuevo?".
"¿Mi liebre?".
El señor Junta Melostodos no dijo nada, simplemente esperó por la respuesta de Ricardo.
Ricardo sintió que estaba siendo probado de nuevo, y trató de interpretar el lenguaje corporal del señor Junta Melostodos. La verdad es que después del ridículo que había hecho, no quería ni responder. Pero no tenía nada que perder, excepto su orgullo, y se dio cuenta que esa última herida en su orgullo no había sido necesariamente mortal.
El buen hombre levantó sus cejas y Ricardo, en una expresión de desahogo, respondió: "Espero recuperar MI liebre antes de que terminemos de hablar el día de hoy".
Hubo una chispa en los ojos del señor Junta Melostodos y Ricardo sintió una ola de tranquilidad; parece que esta vez había dado la respuesta correcta.
"¿Qué haces cuando quieres un aumento de sueldo en el trabajo, Ricardo?".
"Nunca me han dado un aumento".
"¿Y por qué es eso?".
"Porque no los daban, excepto por el aumento que daban por el aumento de costo de vida".

EL FACTOR LIEBRE/HOUSEHOLDER

"¿Cómo sabes que no daban un aumento?".

"No lo sé, supongo porque nunca recibí uno".

"¿Alguna vez fuiste a la oficina de tu jefe y PEDISTE un aumento?".

"No...".

"¿Y qué tal tu cuenta de banco, les has pedido alguna vez que te quitaran algún cargo por servicio?".

"No, no lo he hecho. No sabía que se pudiese hacer".

El señor Junta Melostodos miró fijamente a Ricardo y esperó para que las luces se prendieran en su mente.

Por fin las luces se prendieron, los ojos de Ricardo se agrandaron y el hombre sonrió. Ricardo sostuvo su mirada y tímidamente comentó: "¿Quieres decir que...?".

El hombre respondió levantando sus cejas, como si esperara que Ricardo hiciera el próximo movimiento.

Ricardo finalmente habló. "¿Me...devolverá mi liebre?".

El señor Junta Melostodos se relajó; era claro que había estado esperando por Ricardo, para que por fin entendiera su mensaje. Dando la liebre de regreso a Ricardo, él dijo: "Obtendrás de la vida lo que le pidas. Lo peor que puedes oír es un 'no'. Lo mejor que puede pasar es que obtendrás lo que has pedido".

CAPÍTULO TRECE ~ EL SACRIFICIO

Ricardo no había sentido tanta gratitud como hasta la que ahora había sentido por esa liebre. La acarició amorosamente y luego miró al señor Junta Melostodos, y le preguntó: "¿Pero todavía me va a enseñar?".
El hombre no respondió.
Ricardo frunció los labios y luego, como si se hubiera prendido una luz en su cabeza, articuló lo siguiente: "Señor Junta Melostodos, ¿hará el favor de enseñarme?".
"Sí, lo haré. Pero por favor llámame J.M.". Se sonrió e hizo un gesto como invitando a Ricardo a sentarse junto a él en el pasto.
Parecía que había pasado mucho tiempo pero Ricardo no se había olvidado. "Me dijo que me explicaría por qué, inicialmente, *no* iba a conversar conmigo aún cuando lo había visualizado *y* sentido".
Junta Melostodos sonrió y asintió. Inclinándose un poco más, miró profundamente en los ojos de Ricardo. "Respóndeme esto, ¿por qué querías tener esa conversación?".
"Porque sabía que iba a ayudarme a tener un montón de liebres".
"Entonces, ¿por qué no visualizaste un grupo de liebres en lugar de visualizar una conversación entre nosotros dos?".
"¿Cuál hubiera sido la diferencia?".
"Dos cosas. Primero, no tienes ningún derecho a manipular *mi* libertad con los

pensamientos que tú escoges. Nunca trates de visualizar gente haciendo cosas por ti. Tú visualizas el *resultado* y las personas adecuadas harán las cosas apropiadas para que sucedan. Pero no sabes quiénes son esas personas, así que no puedes decidir esa parte. Ese no es tu papel".

"Segundo: si tú hubieras visualizado el objetivo final de tu *razón* por querer mi conocimiento, entonces tú hubieras sabido por *instinto* cuál debería haber sido tu siguiente paso. En este caso, ese paso era proveerme con una compensación, sin importar el precio".

Ricardo se mordió los labios y asintió, al darse cuenta de su error. "Está bien, lo entiendo".

"Bueno, continuemos. Tú querías saber cómo atrapar varias liebres, ¿no es así?".

"Así es, es por eso que estoy aquí".

"Bien. Pues regresemos al momento en que viste a tu primera liebre. Me dijiste que cuando lo viste estaba medio borroso en tu mente y que estaba lejos y que era difícil de ver cuando apareció".

"Efectivamente, y corrió antes de que pudiera hacer algo al respecto".

"¿Y qué tal con la primera que *atrapaste*? Me imagino que la viste bien claro en tu mente, pero aún así, no fue fácil de atrapar".

"Tiene razón...la vi muy real, y cuando apareció, estaba ahí, enfrente de mí, tal y como la

CAPÍTULO TRECE ~ EL SACRIFICIO

había visto. Pero tuve que perseguirla, y *casi* se me escapa".

"Bueno, si quieres que una liebre venga a *ti*, entonces tienes que tomar el tiempo para visualizar la liebre *en tu posesión, en tus manos*. Y tienes que sentir el pelo en tu mente y sentir su calidez al tenerla entre tus dedos. Hazla vívida. Y aún mucho mejor, visualiza la mirada en sus ojos que te dice que está completamente contenta de servirte y estar contigo, porque la tratas con respeto".

"¿Pero no vas a terminar comiéndola?".

"No necesariamente. La cuidaremos y dejaremos que se reproduzca, para que tengamos un suministro ilimitado. Algunas serán comidas, pero aún esas estarán contentas de servir porque son las creaciones de Dios, creadas para satisfacer las necesidades de otras criaturas".

"¿Es por eso que mi primera liebre fue difícil, porque tenía en mi mente la expectativa de que no quería estar conmigo?, ¿porque pensaba que iba a ser difícil y por eso fue difícil?".

"¡Exactamente!".

"Entonces, si quiero una liebre, ¿me imagino una *viniendo* a mí, y luego me visualizo *tomándola*? ¿Así es como hago que suceda?".

"*No*. Tú no vas a hacer que suceda nada. Demasiadas personas echan las cosas a perder con esa mentalidad. En lugar de eso, imagínatela ya contigo. Mira, no seas como la gente que se la pasa

EL FACTOR LIEBRE/HOUSEHOLDER

perdiendo el tiempo visualizando circunstancias *moviéndose hacia* su favor, tratando de 'hacer que sucedan las cosas'. En lugar de eso, siente el éxito como si *ya hubieras* logrado tu meta. El permitirte *sentirlo* te pone en un estado que está en armonía, por así decirlo, con lo que tú quieres. Luego, la gente correcta y las cosas correctas, serán atraídas a ti naturalmente y las cosas necesarias pasarán, porque también ellos lo necesitan. El hecho es que el usar nuestras propias mentes para tratar de forzar otras cosas o personas para que hagan algo, es una violación de las leyes básicas del universo".

"Como yo lo quise hacer con usted".

"Correcto". Junta Melostodos estaba contento de que Ricardo estaba absorbiendo las ideas tan bien.

"¿Y qué me dice de los dos tipos que vi que cazaban *una sola* liebre? ¿Qué es lo que estaban hacienda mal? Ambos creían que podían encontrar una, pero solamente uno llegó".

"Lo he visto anteriormente. Así es como por lo regular sucede: los dos se imaginan una liebre y luego, sin lugar a dudas, se emocionan. Pero cuando uno aparece, toda aplicación propia del pensamiento sale volando por la ventana. La competencia sigue, y el que por fin se queda con la liebre se la atribuye a su ingenio y nunca descubre la verdadera riqueza de la liebre. Mientras él siga pensando que lo logró por su propia estrategia,

CAPÍTULO TRECE ~ EL SACRIFICIO

nunca encontrará el poder con que Dios provee todas sus necesidades. Por si eso fuera poco, probablemente perdió a su amigo pensando falsamente que no hay suficiente para todos y que uno debe de ser más rápido, más veloz y más inteligente que su prójimo para ganar el botín".

"Creo que eso básicamente resume todo".

Ricardo meneó la cabeza y se rió al pensar *¿Acaso hay algo que este hombre no sepa?* Organizando sus pensamientos, Ricardo preguntó: "Entonces, ¿esto significa que no tenemos que competir con nadie más para recibir lo que queremos en la vida?".

"Esa es la realidad. Hay más que suficiente para todos y el competir de esa forma es otra violación de otra de las leyes del pensamiento. Ricardo, eso es lo hermoso de todo esto. Dios ha proveído suficiente para todos los que obedecen estas leyes naturales. Si cada uno creyera y lo pudiera visualizar y en verdad esperara recibir lo que le pide a Dios, entonces todos lo recibirían. Las leyes de la naturaleza no tienen favoritos".

"Vi una pareja compitiendo por bolsas de papel en el camino".

"Innecesario. Mientras que sigan pensando que no hay suficiente para todos, tendrán una mentira que les privará de ver las cosas que están buscando".

"Me quedé sorprendido al ver otras personas compitiendo por una liebre. Pensé que el dejar el sendero implicaba que se está en un nivel más alto o algo así y que no se tendría que operar de esa manera".

Junta Melostodos meneó la cabeza. "Oh no. Hay hombres excepcionalmente honorables que escogen nunca abandonar el camino, lo cual es totalmente su opción. Y por supuesto hay aquellos tercos que dejan el sendero y lo hacen todo de la manera incorrecta. Vas a encontrar todo tipo de personas en ambos lados. No, no tienes que dejar el camino para ser feliz, pero es bueno saber que tienes opciones, ¿no crees eso?".

"Sí, en verdad lo es. Después de todo, eso es lo que la libertad es ¿no? El poder escoger".

"El poder escoger. Tristemente, muchas veces aprendemos demasiado tarde que las opciones que tomamos han limitado nuestra habilidad para tomar decisiones. Al final, nuestras malas decisiones nos han llevado a prisiones sofocantes. Así era como me sentía cuando salí a cazar mi primera liebre".

"¿Qué hizo? ¿Cuál fue su primer paso para salirse de esa competencia de bolsas de papel?".

"Me imaginé cómo se sentiría tener la libertad. Y luego decidí encontrar una manera de alcanzarla. Luego cambié mi manera de sentir hacia las bolsas de papel...en lugar de refunfuñar por ellas, empecé a apreciarlas. La gratitud es algo poderoso. Creo que me puso en el estado mental

CAPÍTULO TRECE ~ EL SACRIFICIO

apropiado para ver cosas que no había visto antes. Empecé a ver bolsas más grandes y mejores y, con el tiempo, comencé a ver liebres. Cuando pude sentir que ya estaban conmigo, entonces la magia empezó".

"¡Que maravilla!". Las palabras de Junta Melostodos penetraban la mente de Ricardo y sonriendo exclamó en voz alta: "Creo que por fin entiendo eso de la gratitud...puedo continuar en el camino y sentir gratitud por la liebre que tengo, porque si existe en mi mente, entonces es *mía*".

Junta Melostodos sonrió y dijo: "Ya lo entendiste. Entonces, ¿crees que estás listo para cazar tu próxima liebre?".

Ricardo sintió pánico. ¿Lo estaba destetando tan rápido? Con su mente todavía dando vueltas, de repente se le hizo difícil creer que cualquier liebre estaría interesada en venir a casa con él, por el simple hecho de sentir gratitud como si fuera un hecho. "No estoy seguro...¿qué tal si la liebre *no* quiere venir a casa conmigo?".

"Mira, te voy a decir algo profundo y quiero que lo recuerdes y que confíes en mí: Lo que estás buscando, te está buscando", dijo Junta Melostodos y luego reiteró lentamente *"Lo que estás buscando...te está buscando.* En otras palabras, no tienes que forcejear para obtenerlo. Cambia tu imagen mental y espera que vas a atraer naturalmente lo que necesitas".

EL FACTOR LIEBRE/HOUSEHOLDER

"¿Me lo puedes explicar con otras palabras?", Ricardo pensó que lo estaba entendiendo, pero quería la mayor claridad posible. No quería que esta nueva enseñanza, se volviera obscura...Ricardo quería *poseer* este conocimiento. Quería entenderlo lo suficiente como para que llegase a ser *parte* de él.

"Bueno, el cambiar tu manera de pensar, literalmente te cambia. Has sido como una lámpara sin llama, tratando de ...de, oh no sé", Junta Melostodos trató de encontrar la analogía apropiada. Finalmente continuó entusiasmado, "¡tratando de juntar una colección de insectos! Prende la luz y ellos solitos vienes a ti. Cada persona en el camino es como una lámpara que se ha quemado. Lo que puede volver a encenderlas es un sueño, un propósito, y luego los insectos (o lo que necesiten para alcanzar sus sueños) será atraído a ellos de la manera más natural. A menudo, no son las *circunstancias* las que necesitan cambiar, es la *persona* la que debe cambiar".

Cambiar, pensó Ricardo. *¿Acaso no he cambiado ya?¿Qué tanto más necesito cambiar?* Cambiar uno mismo parecía más caro que el perseguir una liebre. Pensó en las palabras hirientes de Felicidad. "¿Por qué no puedes ser un poco más como tu hermano...?". Ese comentario, encima de todo lo que había pasado, lo impulsó a

CAPÍTULO TRECE ~ EL SACRIFICIO

salir de su casa y dirigirse hacia el bosque. ¿No podía tener éxito así como era? ¿No había cambiado ya de una manera significante? Ya *había* atrapado una liebre, ¿no contaba eso para algo?

Debió de haber sido el semblante de Ricardo lo que impulsó al buen hombre a poner su mano en el brazo de Ricardo a manera de ánimo. "Ey, no es tan difícil como parece ser. ¿No ves que cuando permites que los sentimientos que te he dicho crezcan dentro de ti, *eso en sí mismo* está facilitando el cambio necesario? Eso es todo".

Ricardo se sintió animado, así que no interrumpió a su maestro.

"Vamos a probarlo. ¿Qué te parece si probamos con algo pequeño, antes de intentar capturar tu próxima liebre?".

"Me parece bien, ¡hagámoslo! Si puedo ver cómo funciona en algo pequeño, entonces me va a ayudar a ganar confianza con los sueños más grandes".

Junta Melostodos vio una mariposa volando cerca de ellos. Ricardo observó cómo Junta cerró los ojos por un momento y sonrió. Abrió sus ojos y se levantó lentamente, luego se aproximó a un pequeño prado de tréboles donde había unas diez o quince mariposas revoloteando. Pero antes de acercarse mucho a ellas, se sentó de nuevo y extendió su dedo, cerca de un grupo de flores blancas. En un minuto o dos, lentamente levantó su brazo para mostrar una mariposa sentada tranquilamente en su dedo.

Ricardo estaba sorprendido, Junta Melostodos hacía ver esa faena como si fuera súper fácil. Levantándose, y acercándose a él, Ricardo dijo, "¡No creo que yo pueda hacer eso!".

"Entonces no puedes, Ricardo. Pon atención a tus pensamientos. ¡Tienes que permitirte creer en lo imposible!".

Ricardo levantó una de sus cejas y se mordió los labios.

"Tengo una idea. ¿Cómo te sientes con respecto a las hormigas?".

"¿Hormigas? ¡Ajá! No tengo ningún problema creyendo en que las hormigas van a venir a mí. Soy un imán para las hormigas".

"Excelente. Vamos a encontrar algunas hormigas".

"¡Pero eso no requiere que crea en algo imposible, eso es pedir que simplemente crea en lo inevitable!".

"Oh no, Ricardo, todo esto tiene que ver con obtener cualquier cosa que tú quieras. ¿Sabes qué es lo que quieres?".

"¡*No quiero* que me piquen!".

"¡Entonces vamos a encontrar un gigantesco hormiguero!".

Obtendré lo que pida de la vida... ¡tendré el valor de pedir!

Visualizaré el final, y las personas apropiadas harán las cosas adecuadas para que sucedan.

Sé que hay más que suficiente para todos.

~ CAPÍTULO CATORCE ~
LA REGRESIÓN

Ricardo soltó un bocanada de aire y dijo: "Pensé que todo este ejercicio mental tenía que ver con *atraer* lo que quieres, no repeler lo que no quieres". El escepticismo de Ricardo de conscientemente exponerse a un hormiguero era inquietante.

"Tienes razón. Es cien por ciento acerca de atracción. En tu caso, vas a atraer un saludable estado mental, una condición de paz y satisfacción en medio de un enjambre de bichitos rojos".

Junta Melostodos tomó a Ricardo de su camisa y lo jaló hacia un área despejada del campo. El corazón de Ricardo empezó a latir más fuertemente y sus manos empezaron a sudar.

"Aquí hay algunas. Ricardo, haz exactamente lo que te digo. Yo sé que puedes hacerlo".

Ricardo se frotó las manos con nerviosismo, tomó un respiro profundo y dijo: "Está bien, sólo espero que tenga razón".

Observando el sudor en sus manos, Junta Melostodos preguntó: "¿Hay algún problema?".

"Lo único que puedo ver en mi mente es mi pobre mano toda hinchada y picoteada por las hormigas".
"¿De veras? Hmmm, esto va a ser un desafío. Ricardo ¿crees que en lugar de eso te puedas imaginar tu mano completamente bien y segura?".
"Eso es lo que tengo que hacer, ¿verdad?".
"Precisamente".
"Lo intentaré". Con esas palabras, Ricardo cerró sus ojos, sintiéndose algo tonto, pero no queriendo decepcionar a su mentor. Visualizó su mano, tal y como estaba, y respiró hondo hasta que se había convencido de que su mano estaba completamente bien. Sin abrir los ojos le dijo a Junta Melostodos, "Creo que estoy listo".
"Entonces siéntate y suavemente pon tu mano en el piso. Si empiezas a sentir pánico, cierra tus ojos de nuevo y **VIZUALÍZALO** otra vez. Cree en la realidad de las imágenes de tu mente. La verdad es que tu mano *está* bien. Si tú crees esa verdad, seguirá reflejándose en tu circunstancia, porque esa es la circunstancia con la cual estás en armonía. Recuerda el proverbio, '*Como piensa un hombre en su corazón, así es él*'".
Ricardo se sentó y puso su mano en el suelo cerca de las hormigas. Era un continuo esfuerzo mental el seguir alejando los pensamientos de miedo que lo acechaban. Nunca había ejercido tanta energía para disciplinar sus pensamientos

CAPÍTULO CATORCE ~ LA REGRESIÓN

como hasta ahora. Pero mantuvo firme la imagen en su mente.
Junta Melostodos habló finalmente: "Ricardo, las hormigas no te están molestando, ¿verdad? ¿Lo ves? Lo has logrado".
Ricardo no estaba del todo impresionado, aún cuando estaba muy agradecido de que las hormigas no lo habían picado. Tal vez porque no estaba completamente seguro de que no había sido una coincidencia.
Junta Melostodos leyó sus pensamientos y dijo: "Está bien el creer, eso solamente fortalecerá tu habilidad para tener fe, y eso no puede ser malo...".
Ricardo asintió, "Está bien, trataré de creer".
"¿Te gustaría tratar con algo más grande antes de aventurarte en la caza de la liebre? Podemos tratar con pájaros...".
"No, gracias. Tendría que visualizar mi camisa limpia y fresca para evitar lo que los pájaros me hacen todo el tiempo. Me gustaría continuar con la caza de la liebre, si no le molesta".
"No, está bien. Solamente quiero que entiendas que si pones tu energía mental en imágenes de cosas que *no* quieres, serás contra productivo. *Atraerás* cosas que no quieres...".
Ricardo no podía entender exactamente por qué se sentía de esta manera, pero sintió que se estaba sobrecargando. Tal vez era demasiada

información demasiado rápido. Sus ojos miraron el rostro de Junta Melostodos, tan entusiasmado por compartir.

¿Qué era eso en su nariz? ¿Un vello? Un vello extremadamente largo. Debía medir por lo menos dos centímetros, saliendo por un lado de las fosas nasales y curvándose hacia una de sus mejillas. ¿Cómo es que no lo había notado antes? Distraído, Ricardo encontró que era mucho más fácil pensar en el vello que pensar en lo que el hombre le estaba diciendo.

Junta Melostodos todavía estaba hablando y, sin embargo, el vello ahí seguía. Ricardo no podía aguantarse. Se imaginó arrancándolo para poder al fin concentrarse de nuevo. Pensó, *no, no podría hacer eso. Sería algo bastante malo el arrancarlo. No le puedo permitir a mi mano estirarse y tomar y tirar de ese vello...supongo que sería bastante difícil de jalarlo.* Se sonrió, *casi puedo sentir la resistencia y el casi audible sonido que haría si lo fuera a sacar. No, nunca podría hacer una cosa así...*

Sin querer remplazar sus pensamientos en su mente, Ricardo finalmente pudo ver la cara de Junta Melostodos como si no tuviera un vello. El pensamiento era liberador, y parecía que por fin iba a poner atención completa de nuevo. Con la distracción fuera de su mente, ya no se sentía irritado.

CAPÍTULO CATORCE ~ LA REGRESIÓN

La sonrisa se esparció por su rostro y Ricardo escuchó a Junta Melostodos continuar "...encontrarás que tus acciones y tus circunstancias son nada más que un reflejo de las imágenes en tu mente subconsciente".
Ricardo asintió. Pero antes de darse cuenta, su mano se echó hacia arriba y agarró y jaló el vello que salía de la nariz de Junta Melostodos.
"¿Qué...pero qué...?". Sorprendido y sacudido, Junta Melostodos se tocó la nariz.
Los ojos de Ricardo estaban grandemente abiertos y también él estaba muy mortificado por lo que había hecho.
Agradecido, Junta Melostodos simplemente se rió en voz baja. Después se convirtió en una risilla hasta llegar a ser una sonora carcajada. Sabía exactamente lo que le había pasado a Ricardo: había permitido que una distracción guiara sus pensamientos. "¿Un vello en mi nariz? ¡¿Te distrajiste por un vello en mi nariz?! Mi estimado amigo, el pensamiento firme requiere práctica". Junta Melostodos señaló la liebre de Ricardo, "¡y con una liebre en tus manos y un vello menos en mi nariz, estás en camino!" Sus ojos centellaban con humor.
Avergonzado, Ricardo rió; luego disculpándose, le pidió a su mentor que continuara. Después de todo, con el vello fuera de vista, sería más fácil poner atención. "Pero quiero decir que lo

EL FACTOR LIEBRE/HOUSEHOLDER

siento, creo que permití que mis pensamientos vagaran sin rumbo por demasiado tiempo".

"No te preocupes. Creo que tienes lo que necesitas para empezar". Se rió entre dientes de nuevo y dijo, "Ricardo, no es ningún secreto que las leyes del pensamiento jugaron una parte predecible en tu comportamiento. Usaste los principios inconscientemente para aniquilar el vello de mi nariz. Sugiero que pongas mucha atención a tus pensamientos, porque *darán* fruto. Ninguna acción ocurre sin que primero haya existido un pensamiento de la misma clase. Así que siempre escoge tus pensamientos con cuidado". Junta Melostodos le dio un golpecito afectuoso a Ricardo con la palma de su mano.

Ricardo estaba agradecido que Junta Melostodos era lo suficientemente seguro de sí mismo como para manejar la embarazosa situación que habían tenido con bastante gracia.

Ninguno habló por algunos minutos, sin embargo el silencio era bastante cómodo para los dos. El mentor se recargó sobre su espalda y miró las nubes pasar, mientras Ricardo permanecía pensativo. Estaba analizando lo que acababa de pasar con el incidente del vello. Se dio cuenta que *verdaderamente* había utilizado las leyes del pensamiento inconscientemente al moverse automáticamente para remover el vello de la nariz. Había hecho algo completamente fuera de su

CAPÍTULO CATORCE ~ LA REGRESIÓN

persona, sin titubear y había tenido resultados; su medio ambiente había reflejado sus pensamientos. En su mente él había visto a su instructor con una nariz sin vellos, y había permitido que fuertes emociones entraran en su mente. Como resultado, se había puesto automáticamente, casi inconscientemente, en acción para hacerlo pasar. *Los pensamientos indisciplinados o inapropiados, ciertamente pueden meter a alguien en problemas,* concluyó Ricardo.

El viento se hizo más fuerte y las nubes pasaban más rápido. Ricardo no estaba seguro cuánto tiempo más tenía con el buen y gordito hombre, así que finalmente preguntó: "Digamos que hago precisamente lo que me está enseñando, ¿cuánto tiempo tomaría para que mi próxima liebre aparezca?".

"Eso depende de cuánto tiempo te tomará para que permitas que los cambios dentro de ti tomen efecto".

"Entonces, el pensar y el sentir me van a cambiar, con el tiempo...". Ricardo todavía quería tener una idea más precisa del tiempo que debería esperar.

"Sé que ésta es una parte frustrante, la espera. Pero tienes que entender que tu lámpara tiene que brillar con tu sueño y tú debes creer en él fuertemente. Algunas veces toma sólo un momento para verdaderamente creer en algo que no puedes ver; algunas veces toma meses o años para desarrollar esa clase de expectativa".

¿Meses, años? Ricardo luchó con la duda que estaba sintiendo. Ricardo no era flojo. Podía trabajar tantas horas como cualquier otro...pero esto requería algo más. La liebre se movió en sus manos y Ricardo reaccionó y puso atención a la conversación.

Junta Melostodos percibió que Ricardo tal vez no estaba listo para todo lo que tenía que decir. Pero cuando Ricardo se alertó de repente, continuó. "Ricardo, para cada uno que está comprometido a creer, no importa cuánto tiempo tome...nuestro sueño eventualmente se hace realidad. ¿No es esa una mejor garantía que ninguna? La gente que persevera, tratando de vivir en armonía con las leyes del pensamiento, crecerá en habilidades y en sí misma, hasta que su confianza en que puede tener cualquier cosa que necesite es virtualmente inamovible".

Forzando una sonrisa, Ricardo aceptó de mala gana que en ese momento simplemente tendría que aceptar lo que Junta Melostodos le estaba diciendo. La paciencia era algo en lo que tendría que trabajar y lo sabía. "Así que uno cree hasta que se haga realidad y ¿no importa cuánto tiempo tome? ¿No se hace más difícil creer mientras más espera uno?".

CAPÍTULO CATORCE ~ LA REGRESIÓN

"Bueno, recuerda, estos principios pueden ser usados en pequeñas cosas que *no* toman mucho tiempo. Tales ejercicios fortalecen tu voluntad y profundizan tu fe. Si quieres, puedes utilizar estos principios para encontrar mejores sándwiches en mejores bolsas, si ese es tu sueño. Si lo haces, la naturaleza creará una necesidad en uno de los cazadores de liebre quien provea todas las bolsas y van a sentirse compelidos a dejar la bolsa apropiada para que tú la descubras. Ahora, con los sueños más difíciles, tienes razón. *Puede* ser más difícil mientras más esperas. Pero por otro lado, mientras más esperas, puedes poner más detalles que puedes poner en la imagen y tendrás mayor certeza de lo que precisamente quieres".

"Para serle sincero, eso me parece como una excusa. Por ejemplo, si *nunca* sucede, se supone que simplemente debemos decir, 'oh bueno, supongo que *todavía* está en camino'...¿para siempre?".

"No, Ricardo. Puedes estar seguro que todas y cada una de las ideas tiene un 'período de gestación' que es finito. Ese período de tiempo es específico y seguro. Tu trabajo es mantener la fe durante todo el tiempo requerido. Pasa el examen, o debería decir, la prueba de tu fe, y la recompensa es tuya. Créeme, es más fácil de hacer sabiendo que el período de tiempo es seguro y finito. Y un día tú podrás poner algunas bolsas de color marrón para la gente buena del mundo".

EL FACTOR LIEBRE/HOUSEHOLDER

"¿No sería bueno si tuviéramos algún tipo de gráfico que listara todos los tipos de ideas en el mundo con sus períodos correspondientes de gestación?".

"*Sería* fabuloso si existiera, ¿no?".

Calladamente los hombres contemplaron las filosofías de las que habían estado hablando. Finalmente Junta Melostodos rompió el silencio: "Ricardo, puedes escoger ser incrédulo con respecto a los sueños que no llegan a tiempo. Puedes escoger pensar que lo que te estoy diciendo es una gran mentira y que de alguna manera, mi consejo de sueños sin alcanzar es una excusa. Es tu decisión, Ricardo, pero recuerda que mientras tú estás perdiendo energía dudando, alguien por ahí está usando la misma cantidad de energía creyendo, y *logrando*, y bien pudieras ser tú".

Aún sin estar completamente satisfecho, Ricardo reconoció que él necesitaba terminar con su análisis paralítico si quería ser el triunfador de sus sueños.

"Si tú escoges creer, entonces siempre puedes espantar dudas con esto: Las veces que no recibimos lo que queremos, exactamente cuando lo queremos, simplemente expresamos gratitud hacia Dios por su sabiduría y nos animamos porque significa que algo mejor viene en camino, o que era algo que al fin y al cabo no hubiéramos querido, o no era el tiempo correcto. Todo está bien, y el sólo

CAPÍTULO CATORCE ~ LA REGRESIÓN

pensar de esa manera atraerá tanto bien hacia ti y tu familia como son capaces de disfrutar". Ricardo comentó, "y ¿qué tal si me quedo atorado viviendo toda mi vida con sueños sin realizarse?".

Suspirando pacientemente, Junta Melostodos pensó por un momento y luego compartió una analogía que pensó que sería útil ahora. "Una mujer embarazada está esperando por un bebé que sabe que vendrá. No tiene que saber exactamente cuándo llegará, pero tiene una idea al respecto y no se tiene que preocupar que vaya a vivir toda su vida con *ese* sueño sin realizarse. Como dije antes, cada uno de *nuestros* sueños tiene un período *finito* de gestación. No dejes que la duda o los temores entren en tu mente, y puedes estar seguro que tu sueño se realizará en el momento apropiado. Al igual que la mujer no desea que su bebé nazca demasiado rápido, tampoco debes desear que tu sueño se realice demasiado rápido. Cuando parezca que no llega en horario, debemos sentir gratitud porque *vendrá* en el tiempo *apropiado*".

"Está bien, está bien, así lo puedo entender. Si una mujer va a tener un bebé, puede predecir su llegada, errando por unas cuantas semanas. Ella va a calcular una fecha exacta, la cual por lo regular se marca en el calendario. Pero tienes razón, puede ser un poco prematuro, o puede ser un poco más

EL FACTOR LIEBRE/HOUSEHOLDER

tarde, pero no va a dudar, de hecho, ella va a estar más y más segura de su acontecimiento, ¿verdad? No se va a dar por vencida y dejar de prepararse; simplemente ella va a estar más preparada con cada día que pase. Después de todo, ¡está esperando!".

"Bien dicho, Ricardo. Imagínate sentirte de esa manera con respecto a tus sueños y metas. *Espéralos, anticípalos.* Visualiza sentirte MÁS seguro mientras más tengas que esperar".

"Ahí *está* una nueva manera de pensar. Me gusta eso".

Encontrar ejemplos en la naturaleza siempre ha ayudado a las personas. Una vez que una idea hacía "clic" en su mente, Ricardo se sentía sorprendido de lo familiar que parecía, como las leyes del pensamiento que habían sido parte de él, pero las cuales no había reconocido. Tal vez las ideas resonaban en lo profundo de su ser porque él también era parte de la creación natural de Dios. "Gracias, mi estimado amigo con cuatro liebres. Un millón de gracias. No puedo esperar para usar lo que me has enseñado para atrapar mi próxima liebre".

"Ha sido un placer, en verdad. Ojalá hubiera más como tú porque hay tanto gozo en compartir lo que he aprendido".

CAPÍTULO CATORCE ~ LA REGRESIÓN

Con ese comentario, el pequeño y gordito hombre sonrió y se tocó la frente a manera de despedida.

¡Estoy esperando!

Permitiré que mis objetivos se materialicen en el momento apropiado.

~ CAPÍTULO QUINCE ~
EL ÉXITO

Ricardo miró a la liebre en su mano que se había relajado hace tiempo y aceptado su captura. La liebre pertenecía a Ricardo y parecía que había aceptado ese hecho.

Ricardo cerró sus ojos y trató de visualizar una liebre en su otra mano. No era difícil, todo lo que tenía que hacer era duplicar lo que sentía en una mano, la que tenía la liebre, en la otra. Se dio cuenta de que era más fácil imaginarse tener una liebre después de haber atrapado otra. Finalmente entendió por qué personas como su hermano Víctor nunca parecían preocuparse, aun cuando las apariencias indicaran otra cosa. Parecía que Víctor siempre atraía oportunidades y dinero tan fácilmente, siempre de acuerdo a sus necesidades y deseos. Además, se dio cuenta, Víctor *no* estaba consumido por las riquezas, como una vez lo había pensado. El proceso de acumular riquezas había pasado naturalmente al mantener en su mente la manera correcta de pensar.

Dejó de pensar en Víctor y se concentró de nuevo en visualizar su segunda liebre. Se la imaginó blanca, con color café por su lomo y unas

EL FACTOR LIEBRE/HOUSEHOLDER

largas patas, y sintió los músculos de sus orejas en su mano. ¿Se quería escapar? No. Se estaba moviendo con emoción, porque quería estar precisamente donde estaba. Una sonrisa se dibujó en el rostro de Ricardo y sintió su pecho henchirse con una sensación de gratitud. Sintió un nudo en su garganta y los ojos se le pusieron vidriosos. ¡Qué maravilloso era tener tanta abundancia! ¡Qué sorprendido estaba que Dios lo había bendecido tanto y tan rápido! *¡Gracias por una bendición tan maravillosa como lo es tener una segunda liebre para llevar a mi familia! ¡Somos tan felices y estamos tan agradecidos por la habilidad que tengo de estar con ellos de nuevo y sentir paz y gozo, y el tiempo que tengo para jugar con mi hijo! ¡Bailar con mi esposa! ¡Disfrutar de las maravillosas cosas que fueron creadas con el propósito de mostrar al mundo cuánto ama Dios a sus hijos!*

Ricardo no quería abrir los ojos, pero cuando lo hizo, encontró una liebre. No lo sorprendió porque ya estaba agradecido por ella y ya sabía lo que iba a sentir tenerla sujeta por las orejas en su otra mano. Era tan predecible como la imagen en un espejo, solamente que el reflejo de sus pensamientos no había aparecido inmediatamente, sino con un pequeño retraso. Pero estaba bien. Estaba aprendiendo que podía esperar que sus circunstancias reflejaran sus pensamientos, y que

CAPÍTULO QUINCE ~ EL ÉXITO

podía mantener esas imágenes y creer hasta que se hicieran realidad.

La liebre enfrente de él, esta situación, estaba en perfecta armonía con la mente de Ricardo y por eso todo pasó sin esfuerzo. Esta vez no se había abalanzado sobre la liebre, todo lo que tenía que hacer era abrir su mano y colocarla gentilmente alrededor de las orejas de la hermosa criatura.

~ CAPÍTULO DIEZ Y SEIS ~
LA RESOLUCIÓN

Felicidad y Mateo caminaron hacia el bosque, ya era casi de noche. Cada vez que ella sentía temor, o sentía que iba a tener un ataque de pánico, cerraba sus ojos y se susurraba a sí misma, "cuando tengo una opción, escojo creer". Se imaginó abrazando a Ricardo de nuevo, luego acariciando su rostro y diciéndole cuánto lo sentía por no haber creído en él. Se imaginó diciendo lo agradecida que estaba por todos sus intentos por proveer para su familia. Se visualizó ella misma diciéndole que no importaba si nada había cambiado, ella podía ser feliz así como estaban; después de todo, tenían un techo sobre su cabeza y se tenían el uno al otro. En realidad, eso era todo lo que necesitaban. Si les llegase a faltar comida (algo por lo que siempre se preocupaba pero que nunca en verdad esperaba que podría pasar) entonces pasarían hambre juntos. Pero al menos lo harían juntos.

Felicidad y Mateo caminaban tomados de la mano, hablando de lo bueno que se iban a sentir cuando lo encontraran. Esto subió el estado de ánimo de Mateo de una manera considerable, al igual que el de Felicidad, y los dos comenzaron a apurar el paso y saltar sobre los troncos y rocas de una manera feliz y juguetona. Mateo iba a encontrar a su papá, como en un juego de las escondidas. "¡Papiiii! ¡Te voy a encontrar! ¡No te puedes esconder de mí!". Mateo saltó a una roca y dejó escapar una risilla juguetona.

Felicidad sonrió y siguió a Mateo por entre los pinos.

~ CAPÍTULO DIEZ Y SIETE~
LA TAREA

Ricardo continuó. Tenía dos liebres en las manos y un corazón lleno de gratitud. *Estas liebres deben de durar por un buen rato*, pensó. Luego, mirándolas mejor dijo en voz alta, "¡Mira nada más! Un macho y una hembra! ¡Dios sabe como bendecir!".

Una mujer y un hombre pasaron tomados de la mano, "¡De veras que sí!". Ellos sonrieron y Ricardo vio que cada uno tenía una liebre, y por lo menos veinte más les iban siguiendo, ¡por sí mismas!

"¿¡Qué...Cómo...?!". Ricardo estaba sin palabras.

"Oh, esto es lo que pasa cuando te haces muy bueno para escribir tus metas y también cuando tus metas no son egoístas. Todas estas liebres son para otros que están en necesidad y que no se pueden proveer por sí mismos. Dios ha probado que Él nos puede confiar con abundancia porque siempre compartimos una parte de ella! ¡Mientras más damos, más recibimos!".

Ricardo sonrió. De nuevo tenía ese sentimiento cálido, familiar, de estar en armonía con una nueva idea.

EL FACTOR LIEBRE/HOUSEHOLDER

La mujer continuó: "Nosotros dimos siempre, aun cuando no teníamos mucho para compartir. Pero decidimos temprano que nos comprometeríamos a dar un porcentaje de todo con lo que fuéramos bendecidos".

"Conozco a personas que dan y dan y dan, ¡pero nunca había visto este tipo de *recibir* en mi vida!".

"Eso es porque el dar es solamente una parte de la ecuación. La otra parte es saber exactamente *qué* es lo que tú quieres y *escribirlo como si ya fuera tuyo*. Si no haces una petición formal, es como si Dios tuviera que operar como si tú estuvieras contento con cómo están las cosas".

"*¿Tengo* que escribirlo?".

"Sí, y tú ya sabes el resto. Veo que has tenido éxito en tu propia búsqueda". La mujer se refería a las dos liebres en las manos de Ricardo.

"¿Te refieres a la visualización y las emociones?".

"Efectivamente".

Ricardo ya no estaba sorprendido porque estaba rodeado por personas que habían descubierto el mismo principio. Ahora parecía normal pensar de esa manera. Tomaría algo de tiempo el comprender completamente el periodo de gestación en una aplicación práctica, pero estaba dispuesto a averiguarlo a medida que caminaba.

CAPÍTULO DIEZ Y SIETE ~ LA TAREA

Tenía algunas dudas, pero por lo menos sabía cuál era su papel. Él tenía control, o por lo menos un control que estaba aumentando, de sus propios pensamientos. Después de todo, eso era todo lo que él *podía* controlar. El tiempo no importaba: dejaría eso en las manos de Dios. Planeó escribir todo en detalle, una descripción de su vida como la quería, como si ya hubiera pasado, con una fecha *futura* al borde de la página, como si fuera un diario personal. Se permitiría sentir gratitud como si ya fuera de él. Y luego dejaría todo en las manos de Dios. Y cuando un pensamiento de duda entrara a su mente, lo desecharía. Cuando sintiera que debía hacer esto o aquello, lo haría, porque sabía que era la voz de inspiración que lo estaba guiando hacia el logro de su meta.

Y ¿qué acerca de reunirse con su esposa y su hijo? Tenía lo que necesitaba...¿cuándo se reuniría con ellos?¿Cuánto tiempo más duraría el resto de su jornada?

Se dio cuenta de que había algo que no había hecho. Miró a su alrededor porque *no tenía* papel y lápiz para escribir sus deseos, y ahí, en el campo, no había mucha esperanza de encontrarlos. De hecho, aún cuando tuviera papel y lápiz, sus manos estaban ocupadas con las dos liebres. *No puedo escribirlo ahora, ni siquiera tengo papel y lápiz. De seguro no se esperaría que tuviera que cortar un árbol y fabricar un lápiz y papel ¡solamente para*

EL FACTOR LIEBRE/HOUSEHOLDER

escribir mi meta! Además, no tengo ni la menor idea de a dónde ir para obtener grafito para el plomo del lápiz. Pero si hubiera una tienda por aquí cerca, tal vez pudiera hacer algo, pero no hay nada. ¿Y ahora qué?

Ricardo estaba frustrado y algo desanimado. *Esto no va a funcionar para mí. No tengo lo que necesito, y aunque lo tuviera, no podría hacerlo porque mis manos están llenas. Además, no hay dónde poner las liebres para que no se escapen. No creo que se vayan a quedar aquí, al menos todavía no.*

Luego recordó qué hacer, porque ahora estaba pensando como un triunfador. Cerró los ojos y se imaginó un papel y un lápiz en sus manos, y creando un sentimiento de gratitud. Sin ninguna idea de cómo lo haría o sucedería, pero igual lo hizo.

Alguien le tocó el hombro, interrumpiendo su meditación y dijo, "Perdone, ¿le molestaría si pudiera sujetar sus liebres por un momento? Necesito saber lo que se siente sujetar dos liebres, es que estoy tratando de atrapar las mías".

Ricardo sonrió y respondió "Por supuesto".

Pero las manos del hombres estaban ocupadas...tenía papel y lápiz ya que recién había escrito sus propias metas.

Ricardo dijo: "¿Podría sujetar sus cosas para que sus manos estén libres para tomar las liebres?".

"Claro que sí".

CAPÍTULO DIEZ Y SIETE ~ LA TAREA

"¿Le molestaría si uso algo de papel para mí y también si puedo usar su lápiz?".

"Me encantaría".

Los hombres cambiaron las liebres por el papel y Ricardo recordó: *Lo que estás buscando, te está buscando.*

Ricardo escribió una fecha futura en la parte superior de la página. Luego, debajo de la fecha, escribió: "Estoy tan feliz y agradecido ahora que Felicidad y yo estamos juntos. Mateo está aquí y estamos felices y llenos de asombro por las bendiciones de Dios. Tenemos dos liebres, ¡y ahora sabemos cómo obtener más cuando lo necesitamos! Sentimos paz y felicidad al jugar. Mateo y yo disfrutamos de jugar al béisbol. Felicidad y yo disfrutamos al bailar juntos y Mateo se siente feliz y seguro al saber que sus padres se aman. Disfrutamos al compartir lo que hemos aprendido con amigos y familiares, y con cualquiera que esté buscando la sabiduría de los antiguos...las leyes del pensamiento".

El hombre vio que Ricardo había terminado de escribir así que le devolvió las liebres mientras decía, "Muchísimas gracias. Esto me va a ayudar mucho para imaginarme lo que va a ser cuando *yo* atrape *mi* primera liebre".

"Ha sido un placer, jovencito. Gracias por el papel".

EL FACTOR LIEBRE/HOUSEHOLDER

Al decir eso, Ricardo se guardó el papel en su bolsillo, tomó las liebres del joven, y caminó con seguridad y la *expectativa* que muy pronto estaría reunido con su familia. Después de todo, había hecho todo lo que le habían dicho que hiciera. El esperar era ahora más fácil de lo que había pensado.

Escribiré una descripción detallada de mi vida.

Describiré exactamente lo que quiero y cómo lo quiero como si ya hubiera pasado, con una fecha en el futuro al margen de la página, como si escribiera en mi diario personal. Permitiré sentir gratitud como si ya fuera mía. Lo experimentaré ahora.

Sé que lo que estoy buscando, ¡me está buscando!

~ CAPÍTULO DIEZ Y OCHO ~
EL PRINCIPIO

"¡Ricardo!" Felicidad siguió a Mateo y continuó llamando a su esposo.
"¡Paaaaapiiii! ¡Papi, papi, papi!", cantaba Mateo, "¡te voy a encontrar!".
Mateo se trepó a una gran piedra y se volteó a ver. "¡Mamá, ahí está! ¡Lo hicimos, lo encontramos!".
Felicidad corrió hasta donde estaba Mateo, y tal como había dicho, vio a Ricardo descansando bajo el árbol y recargado en una roca.
"¿Está durmiendo, mamá? ¿Por eso no nos podía escuchar?".
"Sí, Mateo". Felicidad se sentía segura. Se acercaron a él y Felicidad lo sacudió suavemente. "Ricardo, cariño, es hora de levantarse...".
Ricardo balbuceó en sus sueños, "Oh, gracias, pero ya encontré papel...".
"Ricardo, soy yo, Felicidad...". Sus ojos estaban húmedos.
Ricardo abrió los ojos y parpadeó algunas veces. Con el rabillo de sus ojos le pareció ver una liebre que pateaba a una serpiente hasta dejarla casi muerta por completo y salir disparada. Miró a

EL FACTOR LIEBRE/HOUSEHOLDER

Felicidad y luego a Mateo y lágrimas de gozo rodaron por sus mejillas. "Cariño, qué bueno es verte".

Felicidad habló suavemente: "Ricardo, siento mucho lo que pasó y como me comporté. Estoy *agradecida* por ti, Ricardo, y si nada nunca cambiase, sería feliz por tan sólo estar contigo".

"Oh, Felicidad, todo va a estar bien. Estoy *seguro* que todo va a estar bien. ¿Te das cuenta de que tenemos todo lo que necesitamos para vivir abundantemente y compartirlo todo? ¡Vamos a ser ricos!".

Felicidad se enderezó con una mirada perpleja en sus ojos. "¿Y cómo vamos a hacer *eso* posible?".

"No tengo la menor idea, pero sé donde comenzar. Felicidad, ¡lo que queremos, nos quiere!".

"Sabes, Ricardo, vamos a necesitar un milagro".

"¿De veras? Bueno, Felicidad, yo creo en los milagros".

Sólo unos momentos después, un caballero desconocido al otro lado del pueblo de Ricardo se detuvo a la mitad de una frase y le dijo a su compañero de mesa,

"...Acabo de tener una idea fabulosa..."

~ PUNTOS PARA MEDITAR ~

Aquí está una lista de las ideas preguntas principales de *El factor liebre* para que piense al respecto y medite en ellas continuamente. Consúltelas seguido y *crea en sus sueños*.

- **¿Qué es lo que quiero?**

  Dedicaré tiempo para decidir qué es exactamente lo que quiero, y por qué. Haré a un lado todas las razones por las que pueda ser imposible, y todas las razones por las que yo crea que pueda fallar, mientras que me permito imaginar una nueva imagen maravillosa para mi vida.

- **Yo sé que los pensamientos llenos de pasión emanarán de mi mente como ondas de radio provocando que cosas que no se ven, sucedan para mi beneficio.**

  Disfrutaré del éxito en mi mente. Sentiré la victoria ahora; y sabré que estos pensamientos constructivos son mis pequeños soldados enviados a luchar mis batallas delante de mí. Están preparando el camino.

- **Sé que no hay obstáculo tan grande que no haya un camino preparado para mi éxito.**

Siempre hay un camino. Si puedo verlo en mi mente, y si no viola la libertad de alguien más, entonces es posible. No me daré por vencido hasta que encuentre el camino.

- **Sé que tengo todo lo que necesito para empezar, y eso es todo lo que importa.**

Como una bellota en el suelo, actuaré inmediatamente con lo que me rodea. En tiempo, mis conexiones me guiarán para obtener todo lo que necesito para alcanzar mis planes.

- **Lo escribiré. Entregaré mi meta al Chef Principal.**

Anticiparé los resultados de la misma manera como los "ordené"; por lo tanto, seré cuidadoso al ser completamente específico al hacer mi descripción. Mientras más específico el deseo, lo más sorprendido que estaré cuando venga, y como resultado, sabré que su realización no fue una

PUNTOS PARA MEDITAR

coincidencia. Estoy continuamente agradecido al Maestro por todo lo que recibo.

- **Sé que todo aquello que necesite para alcanzar mi meta será atraído a mí una vez que yo haya plantado la semilla en mi mente.**

Sé que todo lo que necesito está en camino, por lo tanto así es.

- **Cualesquiera que sean mis circunstancias, yo siempre puedo escoger mis pensamientos.**

Como yo creo que sólo hay abundancia, mis ojos se abrirán para ver soluciones y oportunidades que de otra manera estarían escondidas de mi vista. Anticipo ver lo que busco. Es mi decisión mantener una actitud mental de anticipación, la cual iluminará el camino. Sin una expectativa, el camino permanece escondido en las tinieblas.

- **Cuando tengo una opción, escojo creer.**

No me hace ningún daño el creer. Si estoy equivocado, entonces decidiré qué hacer en ese momento. Mientras tanto, no tengo nada que perder por creer. Escojo el creer. Es una opción.

EL FACTOR LIEBRE/HOUSEHOLDER

- *¡No dudaré, no temeré! Simplemente no es bueno para mí.*

La duda y el temor son emociones que pueden ponerme en armonía con lo que me espanta. Escogeré descartar pensamientos de duda y miedo porque son imágenes mentales de circunstancias que tal vez nunca pasen. ¿¡¿Por qué voy a desperdiciar mis energías mentales atrayendo algo que NO quiero?!?

- *Haré sacrificios por obtener sabiduría y sé que seré bien recompensado.*

Anticipo hacer sacrificios por sabiduría. Ansiosamente hago los sacrificios necesarios porque sé que valdrá la pena el sacrificio. La inteligencia es una de las pocas cosas que tomaré conmigo cuando pase de esta vida. Una inversión en mi conocimiento resultará en grandes beneficios.

- *Obtendré lo que pida de la vida...¡tendré el valor de pedir!*

No tengo nada que perder por pedir. Si escucho un "no" entonces estoy igual que cuando empecé. Si escucho un "sí", entonces lo celebraré y aprenderé a anticipar un "sí" más seguido.

PUNTOS PARA MEDITAR

- *Visualizaré el final, y las personas apropiadas harán las cosas adecuadas para que sucedan.*

No es mi lugar saber quiénes son las personas apropiadas. Yo no manejo a las personas con mis pensamientos; mi deber es emanar los deseos de mi corazón y mover mis pies. Otros pueden ayudarme en el camino, al mismo tiempo que son ayudados por mí para que ellos alcancen sus propias metas.

- *Sé que hay más que suficiente para todos.*

Si las provisiones se llegaran a acabar, más serían creadas de la nada en la misma forma en que fueron creadas en el principio. No hay necesidad de competir. Al operar en el plano creativo, en lugar del competitivo, mis ojos verán continuamente oportunidades y abundancia. Solamente por mis dudas y mis temores puedo vivir en la escasez.

- *¡Estoy esperando! Permitiré que mis objetivos se materialicen en el momento apropiado.*

Al igual que un bebé en el vientre necesita tiempo para desarrollarse, así es con mi idea. Seré paciente *y le permitiré crecer a su paso natural. Quiero que llegue completamente terminado, saludable y fuerte. Si debo esperar más de lo que debo, mi anticipación solamente aumentará y yo continuaré preparándome para su llegada.*

- ***Escribiré una descripción detallada de mi vida.***

Describiré exactamente lo que quiero y cómo lo quiero como si ya hubiera pasado, con una fecha en el futuro al margen de la página, como si escribiera en mi diario personal. Permitiré sentir gratitud como si ya fuera mía. Lo experimentaré ahora.

- ***Sé que lo que estoy buscando, ¡me está buscando!***

La naturaleza es mi amiga, solamente tengo que viajar la mitad del camino, porque lo que estoy buscando me va a encontrar a la mitad del camino. Sé que a medida que continúo viajando hacia el cumplimiento de mi meta, el resultado se aproxima igual de rápido.

~ ALGUNOS PUNTOS EXTRA ~
PARA MEDITAR
Del epílogo que sigue a continuación

- *Escudriñaré cada palabra en mi meta, o declaración de gratitud.*

  Escribiré una fecha futura arriba de la página: una fecha en la que espero mi sueño hacerse realidad. La fecha es lo suficientemente lejos como para ser creíble, pero lo suficientemente cercana para mantenerme despierto durante la noche. Solamente escogeré palabras para mi declaración de gratitud que me hagan pensar en los aspectos positivos de mi sueño. Escribiré en el tiempo presente, y describiré cómo se siente "Ahora que disfruto" el éxito. Seguiré el formato de: "(fecha): Estoy tan feliz y agradecido ahora que disfruto...porque...".

- ***Metas primero, medios después.***

  No seleccionaré la meta basado en los medios que ahora tengo en mente. Si lo hago, entonces no estoy soñando lo suficientemente en grande. Seleccionaré la meta basado en los deseos de mi corazón. Los medios vendrán después que la meta ha sido apropiadamente establecida, después que he escrito e interiorizado mi declaración de gratitud.

EL FACTOR LIEBRE/HOUSEHOLDER

- *Sé exactamente lo que el miedo es, y no me detiene.*

Si siento miedo o ansiedad relacionada con el logro de mi meta, sé que simplemente es mi subconsciente luchando con dos verdades contradictorias como "soy pobre" y "soy rico". El miedo es la evidencia que estoy convenciendo a mi subconsciente de la nueva idea presentada por medio de las emociones, y si persisto, a pesar del miedo, voy a vencer mi antigua programación mental. En frente de la ansiedad, ¡persistiré!

~ EPÍLOGO ~

Casi doce años después...

"Y qué tal, ¿terminaste el proyecto de la clase de inglés para la profesora López?".
"¿Estás loco? ¡Me cortaría la cabeza si no se lo entrego a tiempo! Aquí lo tengo, estoy listo para entregarlo. ¿Y qué tal tú?".
Quejándose el joven respondió, "¡Ojalá! Todavía tengo algunas cosas que hacer, pero estoy planeando terminarlo durante la hora del almuerzo".
"¿¡A la hora del almuerzo?! ¡Aarón, no te puedes perder el almuerzo! Mateo cumple diez y seis años hoy, ¿no quieres ver lo que su papá le compró? De seguro nos va a llevar a comer algo al mejor restaurante de la ciudad!".
El jovencito que no había terminado la tarea estaba algo decepcionado por lo que se iba a perder. "¡Qué mala onda!" Suspirando, continuó, "No, necesito una buena nota en esta tarea".
"De lo que te pierdes. Te aseguro que le compraron un BMW. No, le compraron un carro italiano deportivo, un Lamborghini. ¿Te puedes imaginar toda la gente volteando cuando andemos paseando con Mateo? Te aseguro que Jenna te

echaría un vistazo. ¿Estás seguro que no puedes entregar la tarea mañana?".
"No, no puedo, Jorge, tengo que hacerlo hoy".
"Tú te lo pierdes".
En ese preciso instante, una vibración sacudió el piso y los jóvenes la sintieron en sus pies. Con los ojos bien abiertos, se miraron el uno al otro y luego voltearon para ver una camioneta vieja y destartalada que venía en su dirección; era obvio que necesitaba un silenciador. De hecho, al acercarse más, los chicos pudieron ver que la vieja y oxidada camioneta gris necesitaba un parachoques porque el que traía estaba amarrado con un alambre.
La gente sí volteó, incluyendo Jenna. Iba entrando al edificio principal de la escuela cuando vio la carcacha aproximándose al estacionamiento y acercarse a los chicos que estaban apoyados en un Wolkswagen. La camioneta se estacionó a un lado de ellos y Mateo pateó la puerta desde adentro para poder abrirla y salir de ella.
"Hola, muchachos".
Los chicos se quedaron boquiabiertos. Uno de ellos alcanzó a ver a Jenna cuando echaba una mirada de asco al mismo tiempo que se alejaba de ellos, evitando tener contacto visual con ellos.
Mateo tomó una gran bocanada de aire y lo exhaló lentamente. "Me tengo que ir. La clase ya va

EPÍLOGO

a empezar". Mateo dio un portazo y comenzó a caminar en dirección del edificio principal.
Los otros dos chicos se miraron el uno al otro como preguntándose qué estaba pasando y luego se apuraron para alcanzar a Mateo.
"Mateo, ¿qué está pasando? ¿Qué fue ESO?".
Mateo no miró a su amigo. "¿Qué es qué?".
"¡La camioneta! ¿De dónde vino? ¿Por qué vienes a la escuela en *eso*?".
"Ese es mi nuevo carro. Lo *uso* para venir a la *escuela*. ¿Tienes algún problema con eso?".
"Mateo, ése no es un carro *nuevo*", dijo Jorge.
"Sí, Mateo, ¿dónde está tu coche?".
"¿Qué me quieres decir, Jorge?".
Echando un vistazo a Aarón, Jorge hizo una pausa y con cautela continuó. "Mateo, tienes diez y seis años, la edad en que todos los chicos en Estados Unidos pueden conducir, y reciben un coche de su familia. Tu papá es súper rico; ¿dónde está tu carro? Estábamos esperando algo como un BMW, o un...".
"Un Lamborghini...", interrumpió Aarón.
Mateo se detuvo bruscamente y se volteó a ver a Jorge y a Aarón. "Miren muchachos, mi papá es el rico, yo no". Con eso miró el reloj y dijo: "Nos vemos, me tengo que ir".
Mientras que Mateo seguía caminando y desapareciendo entre los estudiantes, los dos chicos

sacudieron sus cabezas. "¿Qué es lo que va a pensar Jenna?" Aarón solamente frunció el ceño.

"Olvídalo, Aarón. Lo que necesitas hacer es comprar tu propio auto si quieres que ella se voltee a verte. Si Mateo *hubiera* traído un coche nuevo, seguramente ella se hubiera interesado en él y no en ti".

~~~~~

"Papá, ¡no creo que lo pueda aguantar más! Todo mundo se me quedó viendo hoy en la escuela. ¡Hay muchachos cuyos padres *no tienen trabajo*, y tienen mejores carros que yo!".

"¿Y quieres ser mejor que ellos? ¿Crees que mereces algo mejor que ellos?".

"No, no es eso, papá. Es que...bueno no sé. Es que no es justo".

"Cuando puedas comprarte un mejor carro, entonces te lo vas a comprar. ¿Por qué es injusto eso?".

"¡Siempre tienes que hacer todo tan difícil! Parece que a todo el mundo cuando cumple los diez y seis le dan un carro, ¡al menos un carro con *pintura!*".

Ricardo se sonrió entre dientes tajantemente. "Hijo, uno de estos días me lo vas a agradecer. Para serte sincero, me dan pena los chicos a quienes se les da todo en bandeja de plata. Acuérdate de lo que te digo, tu tendrás más futuro a largo plazo".

EPÍLOGO

Mateo gruñó y reviró los ojos. "Simplemente *no lo entiendes*". Salió del cuarto muy molesto dando un portazo tan fuerte que causó que su padre se encogiera. Ricardo simplemente meneó la cabeza, sonrió y le dio vuelta a su silla y regresó a lo que estaba haciendo.

~~~~~~

Una semana después...

¡Bam! Se oyó un portazo cuando Mateo cerró la puerta de la oficina, provocando que su padre se diera la vuelta en su silla algo sorprendido.

"Papá, ¡ya no lo aguanto más! Raquel me ha rechazado y estoy seguro que es debido a la camioneta!".

"Hijo, entonces ella no vale la pena. Cualquier persona que se fija tanto en las apariencias, tiene muy poco futuro. Te vas a encontrar con una chica que te quiera por quien realmente eres".

"Lo sé, lo sé. Me has grabado eso en la mente desde que tengo uso de razón, lo *sé*. Es que a veces es tan duro cuando te pega la realidad, y te das cuenta de que *no hay* ninguna chica que piense así".

"¿De veras crees eso, hijo?".

Mateo suspiró. Él sabía a lo que su papá iba y decidió ahorrarle a su padre el darle el "sermón número seis". Meneando la cabeza de un lado a otro, repitió: "No, papá. Existe una chica que me va a amar por quien yo soy y que tiene suficiente integridad para sujetarse a las leyes universales de una vida recta". Era una línea memorizada que había aprendido gracias a un terco padre que quería que su hijo encontrara el mayor gozo posible en la vida.

"Hijo, ¿de veras quieres un mejor auto?".

La postura de Mateo cambió y abrió los ojos como si con ello quisiera decir: "¿No es obvio?".

"Mateo, tú no quieres un auto distinto. Muy dentro de ti, tú estás en completa armonía con la vieja camioneta".

"¡Papá! ¿Cómo puedes decir eso? ¡*Odio* esa camioneta!".

"En apariencia la odias, pero la verdad es que está en completa armonía con tu mente subconsciente. Si quieres un auto diferente, vas a tener que cambiar lo que está en tu mente subconsciente".

Mateo suspiró. Algunas veces las palabras de su padre eran totalmente insoportables.

Parecía que Ricardo podía leer sus pensamientos. "Hijo, a mí no me importa lo que tú conduzcas. Pero cuando te importe lo suficiente como para que estés listo para aprender, házmelo

EPÍLOGO

saber. Todos pagamos un precio por el conocimiento, tu precio es sacarlo todo y aguantar algunas palabras de tu anciano padre". Al decir eso, levantó las cejas y movió la cabeza, luego dio vuelta en su silla para acomodarse en su escritorio.

Mateo cerró los ojos y sacudió la cabeza. "Papá, yo sé que no debería desear un auto sólo para impresionar a las chicas, sin embargo, ¿es acaso algo malo desear un carro que al menos no duela al mirarlo? Aunque sea para que nuestra comunidad no se vea tan fea con una camioneta vieja andando por las calles". Mateo trató de que su voz no se escuchase como la de un adolescente, sino como la de un adulto. Muy adentro de sí, Mateo no deseaba un auto nuevo *principalmente* para impresionar a las chicas, solamente quería uno que no las ahuyentara.

Sin voltearse Ricardo preguntó: "Entonces, ¿quieres un mejor auto o no?".

"Papá, quiero un mejor auto, pero no tengo el dinero, y sé por seguro que no me vas a comprar uno, aun cuando *podrías* hacerlo". Mateo no pudo resistir soltar esa última frase, tal vez haría que su padre se sintiera culpable y se diera por vencido.

Ricardo ni siquiera respondió.

Finalmente el silencio hizo que Mateo se sintiera incómodo y deseó no haber intentado manejar a su papá. Él sabía que su papá era un hombre de principios, lo cual hacía que fuese imposible persuadirlo en contra de sus valores. El querer forzar a su padre había hecho que Mateo se sintiera incómodo.

Mateo relajó su postura un poco y dijo "Lo siento, papá. ¿Me podrías decir cómo crees que me puedo comprar un mejor auto cuando solamente puedo trabajar media jornada con el salario mínimo?".

Girando en su silla su padre respondió: "No tengo la menor idea. Esa es una pregunta para la cual sólo tú podrás encontrar una respuesta. Yo no puedo ser el que te diga dónde vas a saltar para atrapar tu liebre. Solamente tú sabrás eso, una vez que la veas. Tu eres el único que sabrás hacia dónde te lleva la liebre".

La analogía de la liebre no era nueva para Mateo. La había escuchado toda su vida, pero hasta ahora nunca había sentido la necesidad de entenderla.

Después de pasarse como una hora hablando de la analogía y revisando ciertas partes en el libro de Ricardo titulado "El factor liebre", Mateo decidió que sería bueno escribir su meta.

"Una vez que lo escribas, tráemelo y lo revisaré para asegurarme que lo has escrito apropiadamente".

Mateo se dirigió a su habitación por cinco minutos. Cuando regresó le mostró a su padre lo

EPÍLOGO

que había escrito: "Tendré un buen auto la próxima semana".

Ricardo lo miró y trató de disimular su decepción. "¿Crees que esto es real?".

"No, pero me has dicho que lo escriba, aún si no es creíble".

Calladamente Ricardo dijo "Eso no es lo que quise decir". En voz más alta dijo: "Déjame preguntarte algo: si tu ya *tuvieras los medios*, ¿cuánto tiempo crees que te tomaría conseguir un auto?".

"¿Si ya tuviera los medios? Oh, no sé, eso depende de qué tan buenos son los medios para obtenerlo".

"Qué tan buenos son los medios, depende de qué tan buenos los medios *necesitan ser* para poder alcanzar la META. *Metas primero, medios después*. Nunca al revés. Los medios llegan después que has puesto la meta. Si nunca pones una meta, no tienes necesidad de los medios".

"Y entonces, ¿cómo decides en el *cuándo*?".

"Bueno, ¿cuándo *quieres* el auto?".

"¡Ayer!", dijo Mateo con disgusto.

"Mateo, como ésta es tu primera gran liebre que has tratado de atrapar, te sugiero que escojas una meta que es relativamente creíble, pero lo suficientemente cercana que te mantenga despierto por las noches".

"Bueno, ¿qué tal entonces tres meses?".

EL FACTOR LIEBRE/HOUSEHOLDER

"Ya está mejor...escoge un día".

Mateo pensó y finalmente dijo: "Pero papá, no quiero esperar tres meses".

"Hijo, algunas veces la espera es dolorosa, pero una vez que te haya ayudado a poner la meta apropiadamente, vas a estar tan animado como el día en que se logre y nada de lo que diga o haga la gente te va a importar. Vas a estar concentrado en tu sueño, y vas a disfrutar el viaje. Cuando alguien se burle de ti por tu camioneta, tendrás una confianza interna que no va a ser sacudida porque *sabrás* que es cuestión de tiempo hasta que tengas tu auto. Créeme, cuando estás cazando tu liebre, no tienes tiempo para escuchar lo que la gente en el camino dice de ti".

La actitud desafiante de Mateo se había derrumbado por completo, y humildemente escuchaba al consejo de su padre. Dentro de sí, él completamente respetaba a su padre. Su padre era apreciado en la comunidad y en la iglesia, y Mateo estaba orgulloso de eso. Sin embargo, la vida en la escuela con sus amigos no era fácil. Pero con tan sólo ver el tipo de vida que su padre disfrutaba, y al compararla con el estilo de vida de los padres de sus amigos se daba cuenta de quién debería recibir consejos.

"Ahora", continuó su padre, "ve a escribir la meta de nuevo, pero esta vez con una fecha

EPÍLOGO

específica en la parte superior de la hoja. Y cuando la estés escribiendo, agrega detalles en la descripción del auto que quieres".

Más tarde Mateo regresó con su hoja que decía "Abril 14, (año): Tendré un nuevo y brillante convertible negro".

Su padre miró la hoja y dijo, "Bien, esto es más que tres meses a partir de hoy. Pero hay un problema".

"¿Cuál es?".

"De acuerdo a esta meta, en tres meses todavía estarás manejando tu camioneta".

"¿Qué quieres decir? Dice que tendré un convertible".

"Dice que "tendrás" un convertible. La palabra insinúa que el convertible todavía está en tu futuro. Así que en tres meses, todavía estarás deseando un convertible como lo estás deseando ahora".

"Oh, nunca había pensado en eso".

"Escríbelo en el tiempo presente, como si ya fuera tuyo, y exprésalo como si ya fuera tuyo. Y también escribe cómo se sentiría el tenerlo. Y podría usar un poco más de detalle".

"¿Por qué?".

"Porque una *aspiradora* puede ser un convertible. Equipo para hacer ejercicio puede ser un convertible. Si no quieres una aspiradora, entonces necesitas ser más específico. Hijo, una vez conocí a una señora que se puso la meta de tener diez mil dólares en su mano para cierta fecha. La hizo y se olvidó de ella, pero cuando el día llegó, se encontró en el banco llenando una hoja de depósito para la cuenta de su padre. La fecha despertó su memoria de la meta que se había puesto mucho antes y lentamente dio vuelta al cheque y vio que la cantidad era exactamente diez mil dólares. Recibió exactamente lo que había pedido, diez mil dólares en su mano, en la fecha correcta, pero el problema era que el dinero no pertenecía a ella, estaba haciendo un depósito para su padre. No había sido lo suficientemente específica cuando había escrito la meta".

"¿En serio?".

"De veras, la historia es completamente cierta. El nombre de la mujer era Camila".

"¿Por qué tenemos que ser tan específicos? Si lo que queremos viene de alguna manera del Universo, ¿no es acaso Dios lo suficientemente listo para saber qué queremos y dárnoslo sin todo ese proceso de escribirlo perfectamente?".

"Por supuesto que Él ya sabe lo que queremos, pero se nos dice que se lo pidamos. Creo que a menudo recibimos lo que pedimos, aun si no es lo que queríamos pedir, simplemente para enseñarnos una lección acerca de qué tanto control de veras tenemos sobre el tipo de vida que vivimos.

EPÍLOGO

Qué tan específico lo queremos depende totalmente de nosotros".

"¿Qué tal si escribo la meta de esta manera?: Abril 14 de (año) Ahora tengo un convertible Mustang negro y brillante y me siento fabuloso".

"Bueno, eso está mejor, pero necesita más descripción, más emoción".

"Ahora te pareces a la profesora López, mi profesora de composición".

"Vamos, hazlo como si fuera real, ponle emoción".

"Hmmm...¿Qué tal abril 14 de (año): Estoy tan entusiasmado ahora que tengo un brillante Mustang convertible negro que tiene menos de cinco años de viejo. Es tan divertido salir a pasear con mis amigos y no sentirme avergonzado por andar en un coche espantoso".

"Okay, eso está mucho mejor, pero debido a que nuestro subconsciente solamente acepta oraciones completas y registra cada palabra en lugar de frases completas, esa meta programaría la mente subconsciente para encontrar un terrible y vergonzoso brillante negro convertible Mustang que tiene cinco años de viejo".

Mateo suspiró: su papá estaba siendo tan detallista y difícil de complacer como la profesora López.

"Hijo, para ayudarte a entender mejor, hablemos de las personas que están tratando de

EL FACTOR LIEBRE/HOUSEHOLDER

perder peso. Mientras que estén enfocados en 'perder peso' se están preparando para el fracaso. ¿Por qué? Porque cuando nuestra mente subconsciente oye escucha que hemos 'perdido' algo, automáticamente hace cambio de marcha haciendo un esfuerzo para 'encontrar' lo que hemos perdido. Cuando escucha la palabra "peso" automáticamente asocia el término con los sinónimos 'pesadez' 'pisa papeles' 'pesos y medidas'. Así que al poner una meta de 'perder peso' la persona está programando su subconsciente para 'encontrar pesadez'".

"Entonces, ¿qué es lo que deberían hacer?".

"Deberían de escribir una fecha y luego escribir lo tan agradecidos que están ahora que disfrutan de un hermoso, saludable, energético y esbelto cuerpo".

"Hmm...¡qué bien!".

"Y deberían de pasarse más tiempo observando imágenes de ellos mismos delgados en el espejo. El hacer eso ayudará a su mente subconsciente a estar en armonía con los resultados que ellos buscan y los resultados serán más naturales y más permanentes. Mirarse en el espejo todo el tiempo, al igual que estarse pesando en la báscula todos los días solamente refuerza la imagen de sobrepeso que están tratando de vencer. Y sería mala idea el cambiar los números en la balanza para ver los números que desean ver. El hacer eso ayudaría a convencer a su mente subconsciente que

EPÍLOGO

es verdad, y automáticamente ayudarles a desear la dieta apropiada o guiarlos al apropiado programa de 'pérdida de peso'".
"Supongo que tiene sentido".
"El mismo principio funciona con el 'salir de la deuda'. La gente necesita dejar de ponerse metas de 'salir de las deudas' porque están programando su mente para enfocarse en las deudas. Al hacer eso continuarán atrayendo más deudas en su vida. Además, estarán entrenando a su subconsciente para estar pagando deudas todo el tiempo. ¿Entiendes lo que eso significa? Cuando hayan pagado todas sus deudas, ¡su mente subconsciente va a entrar en pánico! Ni una deuda para pagar, pero un sistema de pagos de deudas bien establecido. Para solucionar esto, el subconsciente automáticamente guiará a la persona a contraer más deuda".

La mente de Mateo estaba a la deriva, ya que a esas alturas de su vida, él no tenía nada que ver con deudas. Su padre continuó, como si estuviera recordando conversaciones que había tenido con personas que venían a pedirle consejos.

"En lugar de eso, alguien que esté obsesionado con las deudas debería crear una declaración de gratitud como la siguiente: 'estoy tan feliz y agradecido que puedo mantener mis responsabilidades financieras a tiempo y que gozo de libertad financiera. Se siente absolutamente fabuloso ahora que poseo el título de compra de mi coche y de mi casa. Me siento tan libre al saber que mi cuenta bancaria siempre tiene X cantidad de dinero'". Ricardo hizo una pausa. Obviamente estaba contemplando algo, como si estuviera tratando de afinar su filosofía al respecto.

Con algo de humor, Mateo le dijo a su padre: "Hazme el favor de recordarme todo eso cuando sea algo que necesite".

Volviendo al tema inicial, Riqui dijo: "Mateo, tú estás subconscientemente en armonía con el viejo coche. Si quieres un mejor coche, vas a tener que cambiar la auto-imagen que tienes grabada profundamente en tu mente subconsciente. Empiezas a hacer eso al escribir tu meta de una manera apropiada y leyéndola tan seguido hasta que puedas sentir como vas sentirte cuando la alcances. Mira, tu mente subconsciente acepta cualquier cosa que le des como verdadera. Y después acomoda todo para asegurarse que lo que cree como verdadero, sea tu realidad. ¿Cómo entra una idea al subconsciente? Por medio de emociones. Cada día tú te sientes emocionalmente mal por tener un coche viejo, y tu mente subconsciente es reforzada con la verdad de que tienes un coche viejo".

"¿Mi realidad es que tengo un coche viejo porque me permito sentir eso?".

EPÍLOGO

"Así es. Si lo que quieres es cambiar tu verdad, entonces debes dejar que una emoción más grande entre para que remplace la anterior, por ejemplo: 'me siento absolutamente extático que ahora tengo un hermoso y brilloso coche Mustang' y continúas así. Si puedes genuinamente sentir como esperas sentirte, entonces prácticamente le estas dando a tu mente subconsciente una nueva verdad. Hazlo las suficientes veces y lograrás ahogar la vieja e indeseable programación mental. Te pondrás en tono con la nueva circunstancia que deseas y todo lo que ves para que llegue a su fin será atraído a ti".

"Entonces, ¿cómo escribo la meta apropiadamente?". Mateo estaba fascinado con esta idea.

Su padre respondió: "Digamos que escribes tu meta más o menos así, 'abril 14 del (año): Estoy tan feliz y agradecido ahora que tengo (el año) brillante convertible Mustang negro con bajo kilometraje. Estoy agradecido que corre bien y me lleva a donde necesito ir. Es bien divertido manejar con el cielo azul sobre mi cabeza. Estoy agradecido que es una forma segura de llevarme y traerme a la escuela y a mis otras responsabilidades. Estoy sorprendido por la oportunidad para ganar dinero que se me presentó para ayudarme a comprar este automóvil. El Mustang fue asequible y me permite estar libre financieramente para ir tras otras metas, como el prepararme para la universidad. Estoy agradecido que tuve abundancia de tiempo para poner en práctica la idea que se me presentó para hacer dinero y al mismo tiempo dedicar tiempo a mis estudios y mantener mis calificaciones altas. Los muchachos en la escuela están inspirados con el ejemplo que he puesto, y tienen curiosidad de saber qué es lo que mi padre me ha enseñado. Comparto sin envidia lo que he aprendido y aliento a otros a ponerse metas que valgan la pena. Atraigo la clase de amigos que me respetan por mi integridad, después de todo, solamente quería mi auto para fines respetables".

"¡Guau papá, de verdad que te luciste con eso!¿De veras lo tengo que escribir así?".

Ricardo simplemente sonrió. "Hijo, todo depende de ti. Si te pones una meta como ésa y la lees seguido, con el tiempo empezarás a creer sinceramente que es verdad. Una vez que estés viviendo el sueño en tu mente, es cuestión de tiempo para que sea tuyo en verdad. Estarás en armonía con las oportunidades que vendrán en tu vida, las cuales te ayudarán a alcanzar tu meta".

Mateo estaba intrigado. Creía en lo que su padre estaba diciendo, porque era obvio que su padre había practicado esa teoría por años. Muy pronto, la mente de Mateo estaba corriendo con anticipación. De pronto dijo: "Voy a estar en mi habitación, ¡gracias papá!".

EPÍLOGO

Corrió hacia su habitación y sacó una hoja de su libreta. Con cuidado y pensativamente escribió una declaración que describía cómo se sentía con respecto a su auto y la vida en general, o cómo esperaba que se fuera a sentir tres meses en el futuro. Después de dos horas, regresó a buscar a su padre, pero no estaba ahí. "Papá ¿dónde estás?".

"Estoy en la cocina, con tu mamá", le dijo su padre.

Mateo corrió a la cocina y entró deslizándose y casi cayéndose pero se detuvo con la mesa. "¡Papá, ya lo hice, mira lo que he escrito!".

Ricardo leyó la declaración. Era casi una página entera, y era obvio que Mateo había examinado cada palabra. "Hijo, ¿sabes cómo sé que has plantado la semilla de tu sueño apropiadamente?".

"¿Cómo, papá?".

"Porque estás genuinamente entusiasmado por tu auto. Míralo amor, apenas si se puede estar quieto de la emoción".

Mateo estaba temblando como una gelatina. No podía esperar a *hacer algo* para encontrar los medios. "¡Estamos hablando de mi auto, papá! ¡Voy a conseguirme un auto nuevo!".

"Lo sé hijo, lo sé. ¿Cómo le vas a hacer?".

"Todavía no lo sé, pero en algún lugar mi auto espera a que yo lo encuentre. Y en algún lugar hay gente que necesita que yo haga algo por ellos y me darán el dinero que necesito. Simplemente *lo sé* papá. Bueno, me voy a dar una vuelta, voy a ver a dónde llego".

"Llévate mi teléfono en caso de que necesitemos encontrarte". Felicidad buscó en su bolso por el pequeño artefacto para dárselo a Mateo.

"Hijo, no te desanimes si no encuentras algo inmediatamente…".

"Ya sé eso, papá. Este paseo simplemente me puede guiar hacia algo más que debo hacer mañana. Está bien…eso es lo que me has enseñado".

"Y una cosa más hijo; si sientes miedo o ansiedad en el momento antes de actuar en una corazonada relacionada con tu meta, debes saber que es simplemente tu mente subconsciente que está luchando con dos verdades contradictorias. Está tratando de creer 'mi auto es una camioneta fea' y 'mi auto es un Mustang brillante y negro' al mismo tiempo. La ansiedad es simplemente una señal que tu nueva imagen ha echado raíces en tu subconsciente. Es una indicación de que lo has logrado. Has plantado con éxito la nueva idea en tu subconsciente, ¡así que toma acción!".

Mateo se detuvo antes de salir de la casa y dijo "¿Qué?". No se podía concentrar en lo que su padre acababa de decir, su mente ya estaba en el camino.

EPÍLOGO

"Oh, no te preocupes. Ya tendremos esa conversación muy pronto".
"Está bien papá". Y se esfumó. Sus padres sonrieron y se dieron un abrazo. Esta sola experiencia valió la pena toda la agonía de rehusar darlo todo en bandeja de plata. Felicidad confesó: "Estaba equivocada, Ricardo, no debí haberte dado tanta lata sobre qué hacer para su cumpleaños".
"No te puedo culpar. Es tan difícil hacer lo correcto. Algunas veces tú eres quien me corriges. Solamente estoy agradecido de que soportamos los tiempos difíciles juntos y ahora podemos ayudarnos a tratar de vivir de acuerdo a principios".

~~~~~~

"Hey muchachos, vamos a dar una vuelta. Quiero pasar por la agencia de autos usados de la esquina". Mateo dijo al aproximarse a sus amigos en la escuela.
"¿Qué dices? ¿¡Y llevar tu camioneta?! Gracias, pero no gracias. Además, Jenna va a quedarse en la escuela durante el almuerzo y pegar algunos carteles de propaganda para el consejo estudiantil". Aarón volteó a ver si de casualidad la veía por ahí.
Jorge agregó: "Mateo, no puedo creer que tú quieras conducir tu camioneta durante el almuerzo,

cuando todo mundo en la escuela está en la calle. Mejor ahórratela para la ida y la venida".

"Mira, ¿a quién le importa lo que manejo?". El comportamiento de Mateo era firme. "Voy a tomar mi camioneta en el almuerzo y voy a la agencia de autos usados. Vi un Mustang convertible negro cuando venía para la escuela y voy a ver si es el mío. Tengo que revisar el kilometraje y, si es el mío, entonces averiguar cuánto dinero tengo que ganar para comprarlo. Y si me dejan, me voy a sentar en él para ver cómo se siente".

"Eres bien chistoso, Mateo", dijo Aarón.

"Nos vemos después del almuerzo, muchachos". Mateo se volteó, se puso su mochila y se fue.

"¡Hey, Mateo! ¿Crees que vas a tener un Mustang? ¡En tus sueños!", gritó Jorge riéndose en voz alta.

Mateo ni siquiera volteó, solamente sonrió y pensó, *es precisamente porque va a pasar, porque está en mis sueños...*

Caminando hacia su camioneta escuchó a Aarón decir: "Oh, simplemente está emocionado. Dale una semana para que se le pase".

Mateo volteó a ver a los muchachos que iban en dirección del comedor. Se preguntó por qué trataban de desanimarlo de esa manera. *Supongo que necesito agregar algo a mi meta acerca de los tipos de amigos con los cuales me paso el tiempo.*

EPÍLOGO

Su viaje a la agencia le tomó todo el tiempo del almuerzo. Hasta se olvidó de algo que nunca se había olvidado, su almuerzo, *un sándwich de mantequilla de cacahuate en una bolsa de papel* ...después de todo, simplemente estaba muy ocupado cazando su liebre.

~ ACERCA DE LOS AUTORES ~

Trevan y Leslie Householder son los padres de siete niños. Ellos son los fundadores de "ThoughtsAlive.com" y "ProsperYourFamily.com También han publicado "Hidden Treasures: Heaven's Astonishing Help with Your Money Matters".

Aun cuando han dirigido seminarios y han sido motivadores personales desde el 2002, la edad y etapa en que se encuentra su familia ha sido su motivación para escribir un mensaje que continúe llegando a su audiencia aun mientras observa sus niños y cambia pañales en casa (aproximadamente 38.990 pañales hasta la fecha y sigue la cuenta).

El público ha sido inspirado a través de las numerosas clases que ellos han creado, incluyendo, "Working with your Subconcious Mind to Achieve your Goals", "Leaning on the Lord in a Financial Crisis", y "Turning in to the Abundance God has for You".

Tiene numerosas tele clases que incluyen estudiantes de alrededor del mundo y ha dirigido seminarios como un facilitador de los programas financieros de Bob Proctor en varios estados de la Unión Americana. Leslie contribuye con sus

ACERCA DE LOS AUTORES

artículos para la serie "Chicken Soup for the Soul" además de que sus artículos han sido publicados en numerosos sitios en el internet al igual que en numerosos diarios y revistas.
Puede conocer mejor a Trevan y Leslie y su mensaje al entrar en www.thoughtsAlive.com Subscríbase a su carta electrónica y a su "Insight of the Day" para recibir pensamientos inspiradores diariamente para ayudarle y fortalecer su decisión de alcanzar su mayor potencial.

Eduardo Lehi Aragón se graduó de la Universidad Brigham Young donde obtuvo ambas de sus licenciaturas: Relaciones Internacionales y Traducción español/inglés. Ahí mismo obtuvo su título de post-grado en Literatura Latinoamericana. Enseñó varios cursos de español en la misma universidad por cuatro años.
Oriundo de México, ha vivido en España donde estudió literatura y arte. Vivió brevemente en Chile donde estudió poesía bajo el tutelaje de prestigiado poeta chileno.
Actualmente vive en Utah, Estados Unidos, donde puede disfrutar las cuatro temporadas del año al igual que las actividades al aire libre.

¡El viaje recién comienza! Solamente para estudiantes dedicados:

El programa completo de 12 semanas de estudio en casa "Tiempo Familiar y Libertad Financiera".

www.ProsperYourFamily.com

Aprenda a crear un espacio en su vida para el éxito que quiere (¡por que sin espacio, no va a llegar!)

Descubra qué hacer si su cónyuge no comparte sus sueños.

Descubra dos sorprendentes maneras de tratar la depresión.

Identifique aquello que en su mente APAGA la parte natural del proceso para crear riquezas.

Descubra qué cosa puede hacer HOY que le ayudará para que automáticamente usted <u>responda de manera favorable a cualquier revés.</u>

Averigüe porque <u>aquellos que luchan</u> más son la gente MAS AFORTUNADA del mundo.

Descubra la TRAMPA del razonamiento deductivo antes de que USTED CAIGA EN ELLA!

Aprenda cómo poner sus prioridades en orden para que <u>una meta no destruya las otras.</u>

Identifique <u>cuáles distracciones son necesarias</u> y cuales le llevarán al fracaso.

Aprenda lo que significa <u>cuando el "Universo" parece estar equivocado.</u>

Descubra cómo salirse de la "armonía" que parece tener uno con las circunstancias desagradables.

Aprenda cuales son las mejores técnicas que hemos visto para <u>tumbar la barrera del miedo.</u>

Averigüe porque el decir "puedo hacerlo" le puede hacer sentir que está mintiendo y <u>qué hacer al respecto.</u>

Y mucho más...

Para ver la disponibilidad de ofertas especiales relacionadas con este fabuloso programa de 12 semanas, visite

www.ProsperYourFamily.com

OTROS RECURSOS

Insight of the Day—Pensamiento del día
Un pensamiento inspirador de lunes a jueves y el viernes una pequeña anécdota que le tocará el corazón. Lo recibirá directamente a su buzón de correo electrónico. Ésta es una excelente ayuda para mantener nuestros pensamientos donde necesitan estar diariamente.

Disponible en www.thoughtsalive.com

Jackrabbit Factor, Película Flash
Una breve película (4 minutos) en el formato Flash, basada en el libro "El factor liebre: por qué sí puedes". Véala para recordar una de las ideas más prominentes del cuento. Úsela para compartir con sus familiares y amigos lo que ha aprendido. Úsela en sesiones de entrenamiento o en presentaciones en el trabajo. La película enfatiza la importancia de fijar metas y seguir su propia liebre en lugar de andar por ahí saltando y ladrando al aire.

Disponible en www.jackrabbitfactor.com

Hidden Treasures: Heavens Astonishing Help With Your Money Matters
Este libro es la perspectiva espiritual de Leslie de las siete leyes del pensamiento que se mencionan

OTROS RECURSOS

tan seguido en el libro *El factor liebre*. "Si los justos prosperarán, entonces ¿por qué soy pobre?". Aprenda las leyes, se dará cuenta de que el tomar conciencia de ellas es suficiente para ayudarle a erradicar los temores y la incertidumbre del futuro.

Disponible en www.thoughtsalive.com

El programa completo de 12 semanas de estudio en casa
"Tiempo Familiar y Libertad Financiera".

www.ProsperYourFamily.com

Estas recomendaciones y otras más están disponibles en Thoughtsalive.com

Por el momento estos artículos solamente están disponibles en ingles. (3/08)

Contacte a los autores visitando
THOUGHTSALIVE.COM
O mande sus comentarios y pedidos de mayoreo a

Trevan and Leslie Householder
THOUGHTSALIVE BOOKS
P.O. Box 31749, Mesa, AZ 85275

www.ingramcontent.com/pod-product-compliance
Lightning Source LLC
Chambersburg PA
CBHW031244290426
44109CB00012B/422